U0133961

"一带一路"故事丛书 第三辑

共同梦想

A BRIGHT
SHARED FUTURE

商务部研究院 编

中国商务出版社
人民出版社

前　言

中国国家主席习近平在出访哈萨克斯坦和印度尼西亚时，先后提出共建"丝绸之路经济带"和"21世纪海上丝绸之路"的重大倡议。共建"一带一路"，遵循共商共建共享原则，秉持和平合作、开放包容、互学互鉴、互利共赢的丝路精神，以政策沟通、设施联通、贸易畅通、资金融通、民心相通为重点，开辟了世界经济增长新空间，搭建了国际贸易和投资新平台，拓展了全球经济治理新实践，为增进各国民生福祉作出了新贡献，为推动共建人类命运共同体贡献了中国方案。

从谋篇布局的"大写意"，到精谨细腻的"工笔画"，共建"一带一路"的壮美画卷徐徐展开，放发出新时代的灿烂光芒。共建"一带一路"倡议源于中国，更属于世界；根植历史，更面向未来。共建"一带一路"是各方共同打造、全球广受欢迎的公共产品，跨越不同地域、不同发展

阶段、不同文明，处处落地生根、开花结果，演绎着携手合作的繁荣景象，展现着共建人类命运共同体的强大力量。越来越多声音讲述着许多国家千百年梦想成真的故事，讲述着许多普通民众命运改变的故事，讲述着许多中国建设者在异国他乡无悔奉献的故事……这一个个故事，因人物真实而更显鲜活，因情感真切而愈加动人。

在实际工作中，我们有幸接触到大量这样的故事，亲眼看到合作项目落地后带来的巨大变化，亲耳听到普通民众的由衷赞美，亲身感受到共建"一带一路"的勃勃生机，深深为之感动。我们觉得有必要把这些故事记录下来、讲述出来、传播开来，与更多人分享发展的心声、圆梦的喜悦。

为此，我们组织中外专家，精心编撰《共同梦想——"一带一路"故事丛书》。期待丛书的出版，让更多人了解推动共建人类命运共同体的重大意义，了解中国人民梦想同世界各国人民梦想是息息相通的，了解共建"一带一路"是推动共建人类命运共同体的重要实践平台。我们希望越来越多的人受故事感染而产生共鸣，积极投身共建"一带一路"伟大实践，秉持共商共建共享原则，坚持开放、绿色、廉洁理念，按照高标准、惠民生、可持续目标，推动共建"一

带一路"走深走实、行稳致远、高质量发展，共同走好和平之路、繁荣之路、开放之路、绿色之路、创新之路、文明之路、廉洁之路，携手共建持久和平、普遍安全、共同繁荣、开放包容、清洁美丽的世界。

"一带一路"故事丛书

编辑委员会

2019 年 10 月

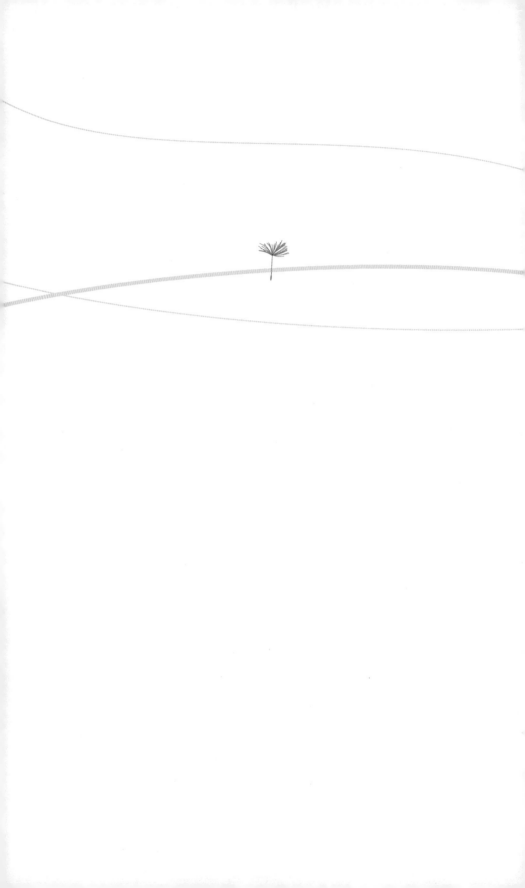

目录

I

同饮一江水
共谱中老情

作者：马李文博 刘向晨

[老挝] 苏萨妮·西苏拉

　　七颗明珠点亮漫漫长夜，壮丽的大桥犹如天降飞虹，悠长的隧道穿越重重关山，昔日沉寂的深山河谷，焕发出前所未有的生机。

　　这里就是老挝南欧江流域梯级水电站。

　　量身定制的"一库七级"方案不仅最大限度保护和改善了当地生态，更能助力老挝打造"东南亚蓄电池"的愿景，为老挝点亮万家灯火。

▼ 如画的南欧江水电站

▲ 夜晚的南欧江水电站

量身定做的水电站

南欧江发源于老挝和中国边境，由边界附近的山脉向南，横穿老挝丰沙里、乌多姆赛和琅勃拉邦等省，流入湄公河干流水域，是湄公河左岸在老挝境内的最大支流。

亚热带密林层层覆盖着南欧江两岸向外伸展的山峦，高出江面数十米的村庄依山而建，云雾常年环绕其间，许多村庄保持着传统的生活方式，打鱼、种田、纺纱，就是生活的全部。

每到旱季，这个依赖水力发电的国家会出现严重缺电

的现象，部分农村和山区甚至常年无法供电。南欧江流经的老挝北部山区贫困落后，一大原因是不通电。尽管沿岸居住着大量村民，但夜晚的群山间却几乎看不到光亮。

有的村子日出而作，日落而息。有的村子为了招待游客住宿，每到晚上，村口的小型水轮发电机就会启动，发出隆隆的巨响，几盏路灯在有限的时间里散发出微弱的光。但这种发电机经常断电，一旦断电整座村子又是一片黑暗。

在丰沙里省，许多村落与世隔绝，村民们为了获取一些现代生活商品，要依靠摆渡的小船才能到达老挝的其他省份，雨季行船还要冒着很大的风险。落后的交通基础设

施是制约老挝快速发展的首要因素。

用什么办法才能把这些村子"点亮"呢？

答案就是南欧江。

南欧江流域面积达 2.56 万平方公里，河道全长 475 公里，全程流在山区，河床坡降陡峻，河谷曲折，水能指标优良，是老挝政府极力推进开发的水能资源基地。

从 20 世纪 90 年代开始，有多个国家的公司希望对南欧江进行开发。他们提供的方案大多是基于形成高坝、大库来进行规划，这意味着大规模的淹没、搬迁和环境破坏，这些方案和设计都没有得到老挝政府的批复。

中国电建集团根据南欧江的实际情况，制订了"一库七级"的方案。每一级电站都尽量降低了坝高，一、二、三、四级电站都是按天然来水发电而不进行蓄水，减少了近一半的淹没面积，保住了南欧江更多的生态资源。该方案以最合理的水能资源利用、尽量减小社会环境影响、尽量减少原住居民搬迁、尽量减小耕地林地淹没损失、最大程度实现社会综合效益，赢得了老挝政府以及当地社会各界的一致认可。

南欧江梯级水电站建成后，特许经营期为电站进入商业运营后 29 年，电量全部售给老挝国家电力公司，有效促进老挝北部地区电网建设升级和输送互联。

许多原本不通电的山村获得了 24 小时不间断的电力供

应，人们仿佛进入了一个新世界。

有了电灯的夜晚变得悠长惬意，家家户户透出的光亮把一座座山村的轮廓勾勒出来。在家可以看电视节目，捕获的鱼可以储存在冰箱里。人们开始从种地转为做生意，村里的集市也越来越热闹了。

那些做游客生意的客栈在门口摆出一块水牌，上面用英语写着：Electricity and Wi-Fi（电和无线上网）。

这无疑已是最吸引人的广告。

爱上移民村

距南欧江三级电站坝址上游不足一百米处，就是一个移民村——哈卡姆移民新村。崭新的村牌立在村口，上面用中老两国文字镂刻着"哈卡姆村"。

这座移民新村正式投入使用时，阿坤和村民们把这块石碑立上，既使心头的一块石头落了地，也开启了自己全新的生活。

阿坤的新房子采用钢筋混凝土结构，里外宽敞明亮，家用电器一应俱全。他说："住在这样的房子里，睡觉都会乐醒。"

"我们新家超乎想象，这屋架用的方钢和室内吊顶用

的防潮石，选用的都是老挝最好的品牌，质量很不错。"对于自己的新家，阿坤如数家珍。

不仅如此，中国电建集团还给每家每户发了菜籽，请老师来教村民们种植有机蔬菜的方法。阿坤说："现在我们种的菜一家人够吃了，还可以到市场上卖，是一笔不错的收入。"

俯视移民新村，阿坤指着成排的楼房介绍说："我们村里的71套住宅，多漂亮！还有公用的村公所、医疗所、学校和寺庙，进村道路、村内道路、给水系统、排水排污系统、供电系统、安全设施和卫生设施，也都一应俱全，这比大城市里都不差。"

过去，村民们到孟威县赶个集，一早5点就要坐船出发，下午3点就得往回赶。现在，崭新的道路修到了移民新村村口，可以直通孟威县与南坝县县城，并与老挝南北大动

▼ 南欧江水电站移民村

脉 13 号公路相连。村民们可以先在家吃过早饭，骑摩托车两个小时就能到县城，在集上逛再晚回来都来得及。

阿坤还高兴地说，他的摩托车马上就要换成小货车了。"守着这么好的路，要充分利用起来，买上一辆轻卡，就可以把我们周边几个村里出的竹笋、木瓜、咖啡、香蕉、波罗蜜等山货，拉到琅勃拉邦去卖了。"

七年时间里，像这样的移民幸福新村，南欧江项目共建设了 30 个，共安置移民 2300 余户，涉及 12600 余人。每一个移民村的村落位置和生计补助方案，都经过了老挝政府移民委、村民、中国电建集团三方共同协商。

11 岁的女孩郎萍是哈庞村的村民，她告别了简陋的草席棚房，搬进了外观气派、内部宽敞明亮的新房。原来的哈庞村，一到雨季路上泥泞不堪，旱季时则尘土飞扬。现

在移民村的道路平整光洁，这让她又惊奇又兴奋。

更让郎萍惊喜的是，中国电建集团还为移民村捐赠修建了美丽的校舍。郎萍一走进学校，就看到在宽阔操场上奔跑玩耍的小伙伴，初来乍到的陌生感顿时消失了，郎萍和小伙伴一起投入了新的学习生活。

与静静流淌的南欧江相伴的，是教室里传出的琅琅读书声。体育课上，郎萍和同学们伴着音乐，跳起了传统的民族舞蹈，女孩拿着割稻的镰刀，男孩拿着代表友谊的木棍，踏着柔美的舞步节点翩翩起舞。

在山水间，一派田园风光。

▼ 孩子们的笑脸

阳光转移到移民村红色的屋顶上，村民们脸上依旧洋溢着乔迁新居的喜悦。进入夜晚，他们像过节一样载歌载舞，刚刚炖熟的土鸡香气四溢，炸好的小鱼酥脆诱人。

中方项目员工和村民一起举起鸡血藤酒，合着象脚鼓的节拍，尽情地跳起老挝传统的南旺舞……

"武汉，我们与你同在。"

2018 年，品学兼优的李晨，经过层层选拔，成为第二批赴武汉大学水利水电专业就读的老挝留学生。"我是带着家人的祝福和中国电建集团的厚爱来到了武汉大学，唯有刻苦努力学习，才能回报祖国和人民，才能对得起所有帮助过我们的人。"李晨说出了每一名老挝留学生的心声。

能到中国著名学府武汉大学留学，曾是来自老挝琅勃拉邦省巴乌县的李晨想都不敢想的。随着南欧江梯级水电站的建设，一项造福南欧江两岸民众的教育计划得以实施，一下子拉近了她与中国的距离，与武汉结缘。

中国电建集团计划用四年时间资助 18 名老挝籍学生赴中国武汉大学留学深造，完成学士学位教育，目前完成了全部学生的选派任务。受疫情影响，中国电建集团帮助今年选派的学生在万象集中开展远程网课学习。

2020 年的寒假，李晨、夏科、孔伊、夏易、奥斯特、

▲ 老挝留学生们为武汉加油

赖萨科六名老挝留学生，原本决定留在武汉大学，继续"恶补"中文。

然而，新冠肺炎疫情突如其来，武汉成了疫情的中心，全世界的目光都聚焦在这里。虽然来的时间不长，但大家已经对这座热情、友好的城市产生了深厚的感情，没怎么犹豫，就都选择留守武汉大学，与这座城市共同战疫、共度时艰。

"学校为留学生提供了细致服务，统一供应一日三餐，中国电建集团还给我们提前发放了生活费。"学校老师的暖

心陪伴，中国电建集团的贴心安排，让留学生们心里很踏实。

虽然封闭在校园里，但他们把每天的学习计划都安排得满满的。"每天按照学院网上课程安排，学习《工程经济》《水力学》《结构力学》等功课，学习都没有落下，过得很充实。"奥斯特说。学习之余，奥斯特还会弹起他心爱的吉他。

"武汉是一座英雄的城市，武大是中国最美丽的大学校园，登上过黄鹤楼，品尝过热干面，我们一起分享过快乐时光，在这困难的时候，我们愿意与你们站在一起。"夏易在日记里写下这样的话。

赖萨科说："当看到中国各地的医护人员和志愿者们都来到这里，我的心中燃起了更多的感动和信心。中国人乐观的心态，积极的状态，也时刻感染着我。"

夏科说："我们都是来自南欧江畔的孩子，水电站改变了我们家乡的面貌，中国电建集团还资助我们来中国留学。中国发生新冠肺炎疫情，我们感同身受，不能袖手旁观。"

"中国的防疫举措很有力，学校里很安全、很温暖，我们在武汉一切都好。"老挝留学生每天都会通过微信给远在老挝的爸爸妈妈报一声平安。

老挝留学生还有一个微信交流群，身在老挝和中国的学生互相鼓劲，说得最多的就是，"武汉，我们与你同在。"

涓涓细流，寸寸丹心。在同心抗疫的当下，老挝留学

生们对中国不离不弃，中国电建集团也始终和老挝人民在一起。2020年4月，在中国驻琅勃拉邦总领事馆的组织号召下，南欧江项目为琅勃拉邦省政府医疗机构捐助大批医疗物资。

路遥知马力，日久见人心。作为世代友好邻邦，无论顺境逆境，这份金子般的情谊，深深扎根在中老人民心间，在岁月磨砺中见证着中老友谊源远流长……

项目概况

中国电建集团投资建设的南欧江流域梯级水电项目按"一库七级"分两期进行建设，总装机127.2万千瓦，多年平均发电量约50亿千瓦·时，总投资约27.33亿美元，目前南欧江项目已投产装机达87.8万千瓦。其中，一期项目开发二、五、六级三个电站，总装机54万千瓦，总投资10.35亿美元，2012年10月主体开工，2013年底大江截流，2015年11月首机发电，2016年4月全部机组发电，2017年1月进入商业运营。截至2020年9月，一期项目已为老挝累计输送超过54亿千瓦·时的优质电能。

二期项目开发一、三、四、七级四个电站，总装机73.2万千瓦，总投资16.98亿美元，项目主体于2016年4月开工建设，2017年底大江截流，2019年12月首机发电，目前已投产7台机组，累计发电3亿千瓦·时，计划2021年内全部建成完工。

沙特的"能源新星"

作者：胡一峰

延布炼厂坐落于美丽的红海边，在当地诸多炼油化工企业中是年轻的后来者，但40万桶原油/日（合2000万吨/年）的设计加工能力，使它成为处于世界领先水平的现代化炼油厂。

2015年，这颗来自沙漠中的"能源新星"从全球近200家企业中脱颖而出，获得了素有能源界"奥斯卡"之称的普氏能源奖"年度建设项目"奖项。

▼ 延布炼厂夜景

打造"能源新星"

作为沙特阿美石油公司(简称"沙特阿美")和中国石化集团(简称"中石化")携手开展的项目,延布炼厂被誉为"强强联姻"。沙特阿美始建于1933年,是世界上最大的国有石油公司,也是全球最大原油生产商之一,很早就与包括美国埃克森美孚、荷兰壳牌和法国道达尔等在内的国际大公司开展合作。中石化则是全球最大炼油商和第三大化工公司、中国最大的成品油和石化产品供应商,加油站总数位居世界第二位,在2020年《财富》世界500强企业中排名第二位。两者的合作为项目擘画了美好的前景。

不过,打造这样一颗"能源新星"并非易事。

延布炼厂位于沙特阿拉伯王国(简称"沙特")沙漠地区,夏季气温高达50℃。在没有特殊任务的情况下,中方工作人员基本每天都是驻地与公司两点一线。

驻地条件有限,没有会议场地,就用食堂开展培训交流;没有理发室,就买个推子,学着互相理发;没有食堂采购员,就两人一组,利用休息时间去超市挑菜买菜。许多人都解锁了在国内不曾想过的生活技能。

除了解锁生活技能,管理观念的融合才是更大的挑战。

陶海林是延布炼厂的财务分析与咨询主管,负责成本费用管理。到达延布后,陶海林接到的第一个任务就是如

▲ 近观延布炼厂

何实施精细管理来降本减费。

延布炼厂新建投产，公司运营上还没有形成自己的管理文化，除沙特本国员工外，还有通过全球招聘的员工，五湖四海，队伍的国际化程度很高，对企业管理认知和方法手段，千差万别，对降本减费很难形成合力。中国的管理方式更注重成本控制，有些做法严苛到让沙特的同事很不理解的地步。陶海林为此头疼不已。

但是后来一位沙特员工阿齐兹的话让陶海林触动很大，他说："成本控制观念引入太缓慢。中石化是很有名的公司，作为股东方的人员，你应该把中石化的精细管理方式和效果介绍过来，让我们延布炼厂吸收消化，形成自己的成本

管理模式。"阿齐兹的一番话让陶海林感受到了自己肩负的责任。

陶海林身上的担子也正是延布炼厂中石化股东方派驻现场团队的共同工作目标。沙特阿美有着丰富的西方企业管理基因，强调规章制度建设和流程管理；中石化有特色鲜明的精细化管理理念和强大的炼油专业技术管理优势。作为这两家世界级能源企业精诚合作的典范项目，通过借助双方股东各自优势，东西合璧，让陶海林和其它中方团队成员相信，延布炼厂的运营管理一定能青出于蓝而胜于蓝，实现强强联手"1+1>2"的效果。

为了推进降本减费工作，逐渐形成合理的企业成本管理理念，陶海林和其它中方员工分别带着问题与当地员工交流沟通，详细调研，取得中石化同类型企业的生产经营数据，与延布炼厂的数据做对标分析，展示给相关部门。中石化总部管理部门也多次派驻专家服务团队，为延布合资炼厂管理与技术优化全面把脉问诊，对症开出技术"处方"，受到了高度认可和赞赏。

通过对比，沙特同事受到的震撼很大。财务部门的拉扬就感叹道："他们的损失率、单位原油加工费用这么低，是怎么做到的？看来延布还有很大的优化空间。"沙特员工们在看到了差距的同时也建立了信心，大家在之后的工作中方向性、积极性明显增强。

通过引进中石化的成本管理理念，结合延布炼厂的实际情况，延布炼厂形成了自身的成本费用管理方法，有效降低了成本费用。

"不仅要把合作方好的经验学过来，还应该把我们有效的做法推广出去，共同提高，实现双赢，这就是我理解的国际化合作。"陶海林这样总结在延布炼厂的工作。

在大家共同努力下，延布炼厂不负众望，很快就以先进的工艺、快速的施工进度、高质量和安全性在国际上赢得了声誉。除了获得国际能源界的最高奖——普氏能源奖外，延布炼厂还荣获海湾地区最高建设项目大奖——MEED2016 年度"最佳油气项目奖"和"最佳大型项目奖"，成为能源行业一颗冉冉升起的明星。

哈立德的成长与梦想

延布位于沙特西部，以前，这里经济不够发达，延布当地人为了谋生养家，往往背井离乡到沙特东部的工业区打工养家。这些人被称为"东漂"。延布炼厂建成后，人们在家乡就可以找到中意的工作，"东漂"们也纷纷"回流"，在家乡安定下来。

延布炼厂总裁阿卜杜拉曾经在中国工作了八年多，作为延布炼厂项目的亲身经历者，说起这个项目给沙特百姓带来的实实在在的好处，他如数家珍："这个项目对于实现沙特2030愿景中提出的发展工业、增加非石油收入和创造就业机会都起到了示范作用。"

很多当地员工在炼厂的建设过程中逐渐成长起来，成为企业中的骨干力量。炼厂信息技术部门负责人哈立德深有体会。他说："炼厂项目培养了我，让我从最初的工程师，到管道建设和系统运营经理，再到信息技术系统和服务部门负责人，我的职位不断提升，能力不断增强，收入不断增加。我为工作于此感到自豪，我的家庭为我工作于此感到高兴。"

在延布炼厂，像哈立德一样感同身受的沙特员工还有很多。

项目的建设和运营先后为沙特增加6000多个就业岗位，建设期间就有800多名沙特籍员工接受了培训。沙特

▼ 延布海边嬉戏的儿童

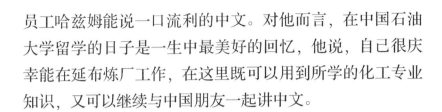

员工哈兹姆能说一口流利的中文。对他而言，在中国石油大学留学的日子是一生中最美好的回忆，他说，自己很庆幸能在延布炼厂工作，在这里既可以用到所学的化工专业知识，又可以继续与中国朋友一起讲中文。

延布炼厂让他们的生活得到了改善，人生有了新的努力方向和实现梦想的可能。

骆驼和熊猫拉起了手

中国和沙特在能源领域合作十分密切，是互相依赖、你中有我、我中有你的亲密伙伴关系。中国每进口6桶原油就有1桶来自沙特，沙特出口每收入7里亚尔就有1里亚尔来自中国。

正所谓，国之交在民相亲。经济的有效合作离不开文化的深度融合。对此，中石化工程师厉坤文体会最为深刻。这位学过两年阿拉伯语的中国人，于2013年前往延布炼厂，从事质量监督检验工作。当时，厉坤文是延布炼厂唯一能使用汉语、英语、阿拉伯语三种语言的中国人。

共同的目标可以打破任何阻隔。厉坤文借助语言优势，深入班组，与16名刚刚从技校毕业的沙特分析员一起工作，重点负责元素分析、水分析培训工作，还带了里达和萨米这两名分析技术员徒弟。

▲ 远观延布炼厂

当时，他们对这个工作岗位并不熟悉，同一个操作，厉坤文常常需要重复多次。谈起这段师徒缘分，厉坤文笑着说："我与他们并不是上下级关系，但是他们非常好学也非常尊敬我。通过培训，我们增进了对彼此工作模式和文化的了解。"现在里达和萨米等全厂800多名年轻沙特员工通过培训都能够独立上岗工作。

延布人对中国人越来越熟悉，他们眼中的中国人是笑眯眯的。厂里要来中国人，他们都提前学会叫中国同事的中文名，以表达友善与真诚。

厉坤文和中方同事十分尊重对方的文化习俗，比如斋月的时候，会主动承担更多的工作量，减少当地员工的负担。经过共同努力，公司里的氛围越来越好，工作效率也得到了提升。延布炼厂公共关系部经理哈萨姆表示，他们与中国同事的关系更像是兄弟，互相帮助、互相关照，延布炼厂是中沙商业上的合作，更是文化上的一种交融。

中国和延布有五个小时时差，但文化间的差距却远大

于此。刚去沙特的厉坤文经常问公司当地员工一个问题：你对中国有什么了解？得到的答案大多是：熊猫和功夫。而厉坤文自己去沙特前对它的印象也只有沙漠和骆驼，沙特同事对此也十分意外。

为了促进文化交融、民心相通，延布炼厂积极参与推动当地文化技术交流、环境保护、安全消防等活动，利用各种节假日举办丰富多彩的活动。在沙特宰牲节和国庆日举办当地庆典的同时，也在中国春节和国庆节期间分别举办中国文化日和国庆纪念日活动，增强企业跨文化融合能力和当地员工对中国文化的认知。

中国文化日活动是最热闹的。一天的活动，就有1000多人参加。大家兴高采烈，踊跃参与，看这问那，中国文化和中国历史激起了沙特员工的好奇与向往。中方员工的书法成了当地员工办公室内新装饰，京剧脸谱更让他们感到新奇。他们把自己的书法中文名字挂在家里，饶有兴趣地模仿京剧的韵调。活动还吸引了当地政府——皇家委员会的相关人员，他们希望延布炼厂在延布市举办中国文化日活动，让延布居民进一步了解中国。

经济合作为文化交流打下了基础，文化交融又夯实了经济合作的信心。正如中石化沙特代表处总代表兼延布炼厂项目总经理李希宏所言：“延布炼厂符合中沙两国的发展战略，合资公司必将成为中国、沙特能源合作以及未来双边合作的典范。”

▲ 延布炼厂炼化产品展示

多年来，一字排开的大型炼化厂，是以石化工业闻名于世的美丽小城延布与众不同的风景线。今天，延布炼厂作为世界炼厂的典范，工艺最为先进成熟、运行最为安全稳定、见效最为快速可观，在这条风景线上绽放着绚丽夺目的色彩，如沙特产业多元化转型之路上的一块重要里程碑，矗立在红海岸边，讲述着骆驼与熊猫命运与共的动人故事。

项目概况

2016 年 1 月 20 日，延布炼厂正式投入生产，总投资额为 86 亿美元，其中沙特阿美公司拥有 62.5% 的股权，中石化拥有 37.5% 的股权。

延布炼厂原油年加工能力超过 2000 万吨，创造了中东地区工艺先进、投资省、工期短、质量优、安全好的优秀业绩。2018 年，延布炼厂向沙特政府上缴税金近 5700 万美元。目前，延布炼厂共有 1100 多名沙特员工，占员工总数的 86%，是当地企业中沙特籍员工占比最高的企业，连续多年得到沙特政府的表扬和奖励。

镶嵌在北极圈内的
能源明珠

作者: 奚远

[俄罗斯] 奥西波娃·娜塔莉亚·米哈伊洛夫娜

北纬 72 度,极夜。

北极圈以北 400 多公里的俄罗斯萨别塔镇,连日不见阳光,而被誉为"镶嵌在北极圈内的能源明珠"的亚马尔液化天然气(LNG)项目施工现场,灯火通明。

李林,中石油较早进驻北极现场工作的联合公司管理人员,穿着非常厚重的极地超级防寒工作服,在室外待久了感觉仍然会被冻透,寒风吹来脸上像刀割一样疼。

"能够参与北极 LNG 项目建设,见证历史,创造历史,是我的骄傲。"李林说,他至今都觉得自己的工作很酷,很梦幻。

▼ 亚马尔液化天然气项目

把"不可能"变成"可能"

亚马尔液化天然气项目,位于俄罗斯亚马尔一涅涅茨自治区的极北地带,"亚马尔"在涅涅茨人的语言里是"土地尽头"的意思。早在20世纪中叶,地质勘探者们就已探明,亚马尔一涅涅茨自治区是世界上最大的天然气储藏区,储量大、埋藏浅、纯净度高,天然气产量占全俄罗斯的80%以上。

但是,极地极端的气候和地理条件,使人类无法轻易获取它的丰富宝藏。亚马尔项目位于北极圈以北400多公里荒芜之地,邻近北冰洋。气候极其恶劣,冬季平均气温介于−20℃至−40℃,最低气温可达−52℃。极夜长达88天,根本看不到阳光。即使在最暖的8月份,平均气温也只达到−3℃左右,还有长达103天的极昼天气。人长期在极昼

▼ 亚马尔液化天然气项目员工

环境下，睡眠会成为问题，有时会感觉头昏脑涨，无所适从。

北极，不是能够轻易征服的。俄罗斯总统普京就曾说过，亚马尔项目提出伊始，就有许多人列了一长串"项目不可能成功"清单。

为战胜北极极寒的工作条件，唤醒亚马尔冰原下沉睡的油气资源，俄罗斯诺瓦泰克公司、中国石油天然气集团有限公司、法国道达尔公司、丝路基金等四大亚马尔项目股东共同组成的亚马尔项目联合公司，与世界上十多个国家建设者多方合作，共同开发建设这一项目，依靠国际合作完成这一"不可能"完成的项目。

没有国际合作打不赢的硬仗。在亚马尔项目施工现场，俄语、汉语、英语、法语等多国语言交流频繁，萨别塔小镇俨然成为国际合作大舞台。

由于高纬度、高寒地区严酷的自然环境，人类在该地区大规模进行超大型工程建设完全没有先例可循。为解决项目建设过程中复杂的组织和技术问题，诺瓦泰克总裁亲自坐镇，邀请各方领导定期在北极现场召开协调会，突破项目建设的技术难题。

各方团队群英荟萃，采用了模块化的建设方案！

模块化施工就是把设备拆分成一系列模块，在全球多地工厂加工建造，随后运送到亚马尔项目施工现场再对应安装，就如搭积木一样建工厂，有效解决了现场无法建造的问题。

项目建设过程中，中方积极响应。

中石油、中海油、中石化、青岛武船麦克德莫特……7家中国企业，承担制造了142个LNG模块中的120个，模块总重逾40万吨。其中最大的模块重达7500吨，一块就相当于一座埃菲尔铁塔的重量！

依托创新的建设模式及各国工程团队的共同努力，亚马尔项目建设速度远超预期，甚至超过了具备全年施工条件的热带和亚热带同类型液化天然气项目。

2017年12月，亚马尔项目首条生产线投产。2018年7月19日，江苏省南通市高温40℃，一船"冰川上的来客"抵达如东LNG接收站——Vladimir Rusanov号ARC7冰级运输船，满载来自亚马尔的7.5万吨液化天然气首抵中国，见证了中俄能源合作史上的又一重要时刻。2018年8月，亚马尔项目第二条生产线投产，同年12月，第三条生产线投产，比计划整整提前一年。

项目是块试金石

2017年恰逢极夜，项目施工现场连日不见阳光。在亚马尔联合公司担任LNG厂基建副主任的中石油员工许圣君与各国同事们，穿着几十斤重的工服、工帽、工鞋、手套、防护镜等全套防寒武装，一起顶着缥缈极光，步伐坚定地走进项目现场。

▲ 2017 年 12 月首船液化天然气运出北极

　　亚马尔的工作人员每次赶赴项目现场需要完成两段共十几个小时的飞行，他们抵达现场后必须立即进入状态。投入工作后，大家经常无法按时吃饭，项目上供应的餐食全是俄餐，长期吃起来对异国他乡人员的肠胃是一种挑战。露天作业现场工作人员必须轮换到室内取暖，户外即使防护再严密，时间久了也会冻透，帽子和面罩会挂上厚厚的一层霜，这就是亚马尔工作人员冬季每日的"自画像"。

　　尽管如此，大家还是克服了北极现场对人体力和精神的严峻考验，坚持着完成建设任务。同时，在北极之外的模块建造也是挑战重重。

　　模块内部构件种类之多、数量之大，对精度要求之高，施工工艺之复杂，远超行业同类项目。为了建造 36 个核心工艺模块，中国企业铺设的管线全长达 21.5 万米，相当于北京六环路的长度；电缆全长 3300 公里，可从北京连接到北极圈；完工文件多达 100 多万页！

如此严峻的考验下，中方参与建设的企业不仅成为全球首个按期保质交付 LNG 模块产品的承包商，还创造了 3863 万工时无事故的全球单场地、单项目安全新纪录，在国际建造史上树立了新的标杆。

为了将模块运至北极圈，中国航运企业和造船企业也奉献了一系列"首秀"。

由中国广船国际公司建造的全球首艘极地重载甲板运输船奥达克斯号，船身总长 206.3 米，超过两个足球场，能够运输超过 10 层楼高的大型模块。奥达克斯号能在 −50℃ 超低温环境下正常工作，连续运输 LNG 大型设备模块至亚马尔项目基地萨别塔港，水平已达到俄罗斯规范中的最高冰区等级 ARC7，比我国明星科考船雪龙号的性能还要高。

−50℃，白茫茫的北极，教授级专家、一级建造师陈明飞抵亚马尔，他与团队来主导巨型模块的物流工作。142 个巨型模块通过海运从世界各地运来北极，谁先来，谁后来，

▼ 主营地办公住宿区

稍有差错，就会造成港口的严重拥堵，祸及其他。他之前，谁也没有干过，他心里也没底。

陈明与团队边钻研边实践，将模块建造进度与物流运输计划紧密衔接，反复优化运输计划和运输方案，把复杂的模块物流秩序，安排得井井有条，开创了大型模块物流运输的新模式。在几年的建设期内，几乎每个月，他都奔波于中国七个模块生产厂家和莫斯科之间，人称"飞人"。

他与国际团队一道摸索，全力推进北极东北航道在项目运输中的大规模应用，使项目超过一半的模块和货物通过该航道运往现场，大幅降低了运输费用。

在北极极寒的恶劣自然条件下，在没有任何经验可借鉴和其他一系列不可预见的复杂因素下，亚马尔项目这块试金石试出了坚毅、奉献、敬业的精神，试出了开拓创新、勇克时艰的品质。这个北极地区国际能源合作的典范，为国际务实合作树立了迈入新时代的里程碑。

冰雪中释放正能量

2018 年 7 月，在叶卡捷琳堡举行的第五届中国—俄罗斯博览会展厅现场，有一个展台尤为引人注目。昂首挺立的驯鹿，毛皮搭建的帐篷，穿着民族服饰的土著人，亚马尔—涅涅茨自治区的展位充满了北极风情元素。这里有着茫茫无尽的苔原，随处可见的鹿群，这片神秘的土地与其淳朴的原住民一样，几千年来保持着原始的面貌，未曾被污染，也值得人类继续守护。

在这个拥有独特自然环境的地方，亚马尔项目在创造一个又一个佳绩的同时，也在为生态保护默默耕耘着。

按照"赤道原则"规划，亚马尔项目坚持高于本国规范和一般企业标准实施建设，钻井岩屑和泥浆废液采取无害化处理，投资超过 4000 万美元建设了钻井泥浆回收处理站，让环保技术在北极地区得到推广应用。

为保障北极地区的工作和生活，项目出资建成了可容纳 3 万人的营地，大幅改善了气候恶劣偏远地区人员倒班交通、居住和饮食方面的条件，不仅保证了环保与工作需求，更体现出以人为本的理念。

▼ 亚马尔液化天然气项目鸟瞰

亚马尔项目根植极地、发展极地、热爱极地，想当地政府之所想，急极地居民之所急。

项目积极造福亚马尔当地社区，先后援建了赛雅哈村幼儿园、牧民子弟寄宿学校、公寓以及鹿肉加工厂、东正教教堂、水处理设施、小型电站、医院等社会基础设施，还与俄罗斯北极中心开展科学与创新合作，资助赛雅哈原住民国际论坛，释放出中国企业的正能量。

在保障关键技术可靠且经济的前提下，亚马尔项目尽可能实施了本地化，项目建设期间与俄罗斯国内 55 个联邦主体近 650 家企业签订了近 100 亿美元合同，为俄罗斯提供了超过 6 万个工作岗位。

2018 年底，亚马尔项目现场灯火辉煌、人潮涌动，在各方建设者的共同努力下，亚马尔项目三条生产线全部提

前投产。各国建设者们用心中的热情点亮了夜空，融化了北极的冰雪。那一天，不同肤色、不同面孔的建设者们因为共同目标的实现相拥庆祝。

"极夜并不是一天到晚漆黑一片。"随着亚马尔项目的发展，越来越多的游客开始憧憬去亚马尔"跨越极圈"、体验游牧帐篷生活，看看耸立在这里的超级极地天然气项目。亚马尔项目守护着这片土地独特的生态环境，正以自己的方式为极地代言。它照亮夜空，预示着国际合作的美好未来与项目的光明前景。

项目概况

亚马尔液化天然气（LNG）项目位于俄罗斯亚马尔半岛，集天然气和凝析油勘探开发、天然气处理、天然气液化、海上运输和销售为一体，是全球在北极地区开展的最大型液化天然气工程。

亚马尔项目担负着北极开发先行者的重任，中方是亚马尔项目重要的投融资及建设伙伴，中国石油天然气集团有限公司全程参与该项目运作。中国企业在工程建设、物流、航运、市场营销等各方面深度参与，承揽了全部模块建造的85%。该项目是中俄两国重点经济合作项目，得到两国领导人的充分肯定和积极评价。

一桶涂料的故事

作者：胡一峰

[拉脱维亚] 伊万·奥西斯

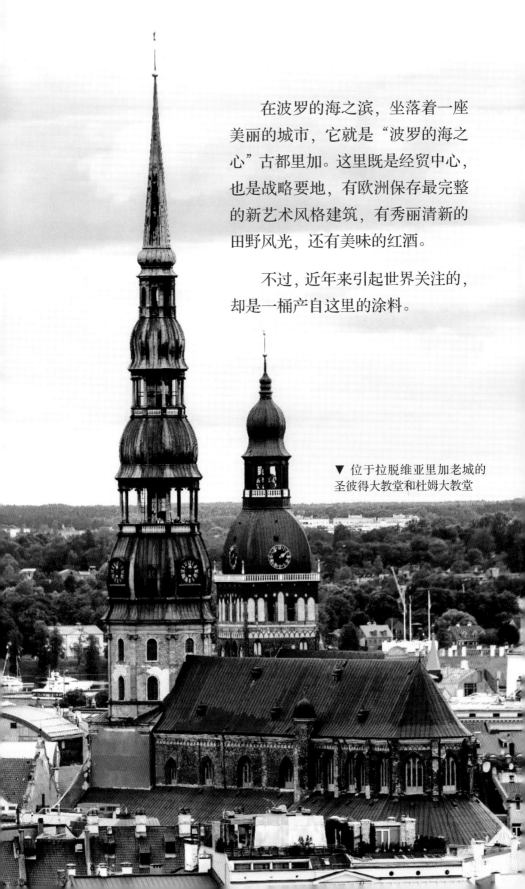

在波罗的海之滨，坐落着一座美丽的城市，它就是"波罗的海之心"古都里加。这里既是经贸中心，也是战略要地，有欧洲保存最完整的新艺术风格建筑，有秀丽清新的田野风光，还有美味的红酒。

不过，近年来引起世界关注的，却是一桶产自这里的涂料。

▼ 位于拉脱维亚里加老城的圣彼得大教堂和杜姆大教堂

大兴机场扬美名

虽然过去很多天了，拉脱维亚里加油漆涂料工厂的总裁伊万还是忘不了那个电话，每次想起就会露出自豪的微笑。

那天，伊万在办公室接到一个电话。对方自称是拉脱维亚投资发展署官员，专门给伊万打电话，是为核实一则消息。

他们从新闻中看到中国北京大兴国际机场，使用了里加油漆涂料工厂的产品。大兴国际机场那可是投资近千亿元人民币，被英国《卫报》评为"新世界七大奇迹"之首的项目啊，竟然使用了拉脱维亚生产的矿物漆？简直不敢相信。所以才特意联系伊万核实这是不是"假新闻"。

电话里的声音焦急，充满期待，又有些疑惑不解。伊万一听，顿时爽朗地笑了起来，"千真万确，我向您保证！北京大兴国际机场航站楼内80％的面积，涂刷的都是我们的矿物漆。"一听此言，电话那头一顿，随即也大声笑了起来。

伊万向投资发展署的官员慨叹，大兴国际机场项目意义非凡，实属百年一遇，我们十分荣幸能够参与这样的世界级建筑工程，让我们的产品大放异彩。接着伊万便兴致勃勃地从头讲了起来。

大兴国际机场位于中国首都北京，北距天安门46千米，是4F级大型国际枢纽机场。2014年底开工建设，2019年

▲ 瑞客矿物漆完美解决双曲面和光泽度等一系列难题

9 月正式通航。机场占地 140 万平方米，设计很有特点，如一个永恒流动的建筑，目光所及之处，全是曲线，而华丽外观的背后则是严苛的技术要求。

由于整个航站楼墙面使用双曲面异型材料拼接而成，地下城际列车和高铁在运行过程中又会产生共振，因此要求墙体涂料有很好的附着力和延展性。

不仅如此，航站楼屋顶由超过 8000 块玻璃组成，加上墙体上的玻璃，整个航站楼共使用了 12800 块玻璃，可以保证航站楼内 60% 的区域实现天然采光。但是，自然强光、室内灯光打到墙体上会产生十分刺眼的折射光和反射光，这就要求墙面必须使用深亚光涂料。更不用说机场人流量大，难免有剐蹭，墙面必须容易打理才好。这些都是摆在大兴国际机场建设者面前的实际难题。

大兴国际机场原本打算用陶瓷漆，但很快发现陶瓷漆虽然硬度足够但是很脆，便开始在全球各种涂料中海选。国内外知名涂料企业上百家，在航站楼实体墙面做了不下两百块样板，两周左右就看出了各种各样的问题。有的开裂、

▲ 北京大兴国际机场俯瞰图

脱落，有的亮度好但亚光性不好，有的光泽度够但是硬度又不够，有的硬度好但弹性不足，有的不够耐污，有的整体性能虽然可以但造价又过于昂贵，总之没有一款能满足机场建设指挥部的全部要求。

正在指挥部一筹莫展之际，有人推荐了拉脱维亚里加油漆涂料工厂的瑞客矿物漆。抱着试试看的想法，指挥部

▲ 伊万（右一）与中国同行交流探讨涂料效果

给瑞客矿物漆指定了一块墙面，让他们做样板。

接到任务的北京瑞拉克矿物涂料有限公司负责人史文杰心情十分激动，他后来回忆说，我们是瑞客矿物漆的中国总代理，这个试验可是瑞客矿物漆发展之路上的"金手指"。他们很快做完了样板，虽然对产品充满信心，但接受验收时心情依然非常紧张。

当时，机场建设指挥部负责人郭雁池神情严肃地走到样板前，脸贴近墙面，使用靠尺等各种专业仪器认真检测。史文杰发现随行工作人员还抬着一箱可乐，正在诧异，只见一名工作人员拧开一瓶可乐，猛地泼到墙上，气泡顿时铺满了墙面，呲呲作响，还没等气泡散尽，郭雁池随手拿出几把钥匙，在墙面上反复划蹭。史文杰的心提到了嗓子眼。一番"蹂躏"后，墙面安然无恙。郭雁池这才露出笑容，满意地说："这才是我心中的墙面效果！"在旁的 20 多家承建公司的负责人也都频频点头，鼓掌祝贺。史文杰心里

的一块石头这才落了地。

就这样，瑞客矿物漆以超高的品质和性价比在众多产品中脱颖而出，成为大兴国际机场核心区域指定涂料，解决了机场建设中的一大难题。

伊万讲完了这段故事，又说他自己也趁着到中国参加中国—中东欧博览会之际，专程到大兴国际机场核心区域参观。他亲眼看到整个机场航站楼内部自然柔和的弧形线条和曲面，头脑中闪现出一个信号：机场项目也刷新了瑞客矿物漆的施工高度！太完美了！他还伸出手抚摸墙面，感受着涂料的效果，并和中国同行热切交流着施工工艺。

瑞客矿物漆的高品质和深亚光效果成功塑造出大兴国际机场航站楼内柔和的光线氛围，给旅客提供了一个温馨的环境。而其卓越的品质也将随着航站楼一起经受时间的考验。

国家名片矿物漆

大兴国际机场这场"漂亮仗"为瑞客矿物漆打开了中国市场。这之后，瑞客矿物漆在中国市场可谓一年跨上一个新台阶。

2018年12月，在爱奇艺总部施工项目中，瑞客矿物漆再次收获美誉。爱奇艺对其标识的绿色有严苛的要求。之前，几家涂料公司尝试了多种调试方法，但总是离"爱奇艺绿"独特的色调和韵味有一点儿距离，始终无法达到设计要求。瑞客矿物漆入场后，一经试用便受到设计和施工方的一致好评。瑞客矿物漆对颜色的拿捏之准确令设计师叫绝。

2019 年 5 月，中国—中东欧电子商务港湾成立。拉脱维亚的地理位置和运输体系的优势得到充分发挥，成为连接中国—中东欧的物流中心，为瑞客矿物漆的发展提供了新的机遇。瑞客矿物漆成为从中东欧通过电商港湾向中国发货的第一批产品。

2019 年 11 月，第二届中国国际进口博览会正值拉脱维亚庆祝建国 101 周年期间，拉脱维亚首次以国家馆形式参加进博会，瑞客矿物漆也获得了宝贵的参展名额。11 月 6 号，在拉脱维亚经济部长耐米罗、驻华大使马尼卡、哈尔滨市长孙喆共同见证下，哈尔滨市政府与里加油漆涂料工厂在瑞客矿物漆展馆内举行战略合作关系签约仪式。瑞客矿物漆参与哈尔滨市的城市建设工作，在哈尔滨旧城改造、新城市建设等领域提供定制化的涂料产品与服务。

去过哈尔滨的人，都会对中央大街那些"有味道、有故事"的老建筑留下深刻印象，这些老建筑独具特色，但大多修建于 20 世纪二三十年代，改造难度较大。2020 年 5 月，瑞客矿物漆加盟参与翻新涂刷，如同为这些老建筑加上了美颜滤镜。曾经诞生我国第一家电影院的老建筑、粉饰一新的米尼安久尔餐厅……洗去了岁月留下的斑痕，回

到了人们记忆中的靓丽模样……

2020年6月8日，拉脱维亚驻华大使马尼卡和商务参赞英格亲自携瑞客矿物漆登上中东欧优品云上展的拼多多直播，大力推介拉脱维亚这一特色产品。瑞客矿物漆妥妥地成为拉脱维亚"国家名片"。

中国市场的成功，为里加油漆涂料工厂增强了发展的信心。目前，它已经成为波罗的海国家最大的清漆和油漆制造商之一，在拓展其他国家市场时，都把大兴国际机场作为成功案例展示给新客户，总能赢得新客户的惊叹。

见证历史里程碑

"为'国家名片'工作，是我人生中的幸运"，拉瑞萨经常这样说。她从1979年就开始在里加油漆涂料工厂工作，并逐步成长为厂里的首席经济学家。

里加油漆涂料工厂成立于1898年，已有120多年历史。拉瑞萨刚入厂时，企业的产品主要用于国防军事领域，也被广泛用于民用防腐、涂装等。每当看到厂区内至今保留完整的苏式风格红砖红瓦厂房，她就仿佛看到了工厂伴随着欧洲近现代风云变幻走过的发展之路。

在她看来，1996年和2018年是对工厂至关重要的两个年份。1996年，企业开始了私有化过程，并注册了里加油漆涂料工厂有限公司的名称。企业发展的重担转移到了新管理层，对员工提出了新的要求。作为首席经济学家的拉瑞萨也众望所归成了董事长，她和同事们一起，努力工作，注重倾听各方建议，不断提高技术水平，产品种类扩大了数倍，从而保持了公司在波罗的海国家制造清漆和油漆的领先地位，还在邻国爱沙尼亚和立陶宛建立了专门的商店和代表处。

22 年后的 2018 年，里加油漆涂料工厂迎来又一个发展里程碑。北京瑞拉克矿物涂料有限公司 [现已更名为瑞客矿物涂料（北京）有限公司] 成为里加油漆涂料工厂的合作伙伴，才有了瑞客矿物漆在大兴国际机场的惊艳亮相，并参与到中国市场多个重大项目的建设中。

拉瑞萨说，她不可能在童年时梦见这样的成就，回首走过的路，让她意识到合作的重要性，"我为里加油漆涂料工厂的历史和现在的成就感到自豪，更为双方合作而在

▼ 历史悠久的里加油漆涂料工厂

▲ 2018 年 8 月，里加油漆涂料工厂与北京瑞拉克矿物涂料有限公司签署总代理协议（前排左一为拉瑞萨）

中国取得的巨大成就骄傲。我们将继续努力，为中国消费者提供最环保最优质的涂料。"

拉脱维亚地处欧洲东北部、波罗的海东岸，连接东西、贯通南北，历史上曾经是"古丝绸之路"和欧洲重要贸易通道"琥珀之路"的交汇点。

今天，一桶涂料拉近了中国和拉脱维亚的距离，瑞客矿物漆深度走进中国百姓生活，引起人们对拉脱维亚的兴趣。学习拉语日益受到中国青年的青睐，已有数所中国高校开设了拉语专业课，几十名中国学子已抵达里加开始学习拉语课程。紧密的经济合作也令拉脱维亚人对中国兴趣日益增加。而在拉脱维亚，"汉语热"持续升温，孔子学院及孔子课堂已落户拉脱维亚知名高等院校及普通中学。智库和学界精英人士建立了以各种形式研究"一带一路"的组织。中拉两国，正在从遥远的东西方国度，变为近在咫尺的合作交流好伙伴。

项目概况

拉脱维亚里加油漆涂料工厂始建于 1898 年，迄今已有 120 多年历史，是波罗的海国家最大的油漆和清漆制造商之一。里加油漆涂料工厂一直专注于潜艇、航空航天等国防军事用漆以及民用漆的创新研发、生产销售及运营管理，拥有世界先进的生产技术和生产工艺。

在中国与中东欧"17+1 合作"框架下，2018 年北京瑞拉克矿物涂料有限公司 [现已更名为瑞客矿物涂料（北京）有限公司] 与里加油漆涂料工厂正式签订中国总代理授权，瑞客矿物漆顺利进入中国市场，并被用于北京大兴机场、哈尔滨中央大街等多个重大项目。

造福"南太平洋心脏"的民生工程

作 者：奚远

[萨摩亚] 来可妮

　　萨摩亚农业展上，中国农业项目展台上摆着西红柿、南瓜、柠檬……甚至还有当地极为少见的西瓜，中国专家们盛情邀请当地人免费品尝这些蔬菜、水果。

　　"叔叔，西瓜好大呀，我也要尝尝！"一个虎头虎脑的萨摩亚小朋友对中国专家说。

　　"小朋友，欢迎品尝！"中国专家把一块西瓜递给了他。

　　"好甜呀，我喜欢西瓜的味道！可妈妈说西瓜太贵了！"

　　让当地人吃上价格便宜、品种丰富的蔬菜水果是中国援萨摩亚农业技术合作项目组每一位专家的心愿，更让他们牵肠挂肚的是让当地人学会自己种蔬菜、水果，发展农业。

▼ 萨摩亚风光

"从没见过这么多自产蔬菜"

萨摩亚号称"南太平洋心脏",人口 20.1 万,陆地面积 2934 平方公里。这里风景如画,气候宜人,政局稳定,治安良好,是第二个与中国建交的太平洋岛国。

农业是萨摩亚的支柱产业,全国 97% 的家庭都或多或少从事着农业生产。不过,农业发展的短板也显而易见——生产方式落后,产能严重不足;米、面、糖完全依靠进口,肉类、蔬菜、水果也大量依赖进口,每年仅食品进口就需花费约 1 亿美元。此外,萨摩亚人以木薯等为主食,蔬果摄入不足,膳食结构亟须改善。

但萨摩亚农业发展潜力同样巨大,80% 的土地尚未开

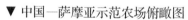

▼ 中国—萨摩亚示范农场俯瞰图

发，居民改善生活的意愿强烈，对于先进农业技术的需求旺盛。这也让来自中国的专家有了充分的施展空间。

在双方共同努力下，历经十年打造，援萨农业合作的拳头项目，占地 10 英亩的中国—萨摩亚示范农场，成为中国援太平洋岛国规模最大、专业最多、功能最齐的综合性示范农场。

走进农场，每个来访者都会感到目不暇接——

大棚蔬菜、露天蔬菜、饲料作物、生态果园、农机加工、养殖沼气、培训仓储七个功能区域异彩纷呈，种子生产基地、技术示范窗口、农业培训中心和交流合作平台四大功能得以全面强化，集中示范推广十大农业技术。

萨摩亚第一大岛——萨瓦依岛，地广人稀，风光旖旎，过去农业发展迟缓。应萨方要求，项目派出中国专家常驻萨瓦依岛，帮扶了 25 个示范户。萨瓦依岛首次有了拖拉机，在专家们的指导下，之前稀稀疏疏的菜地里，现在蔬菜长势喜人，岛上居民纷纷惊呼："从没见过这么多自产蔬菜！"

在中国示范农场和项目示范农户家里，专家刘国平带领工人升级改造，指导地块规划。累了直接坐在地上休息，渴了喝口自来水，饿了和农户一同吃芋头，示范农场面貌得到大幅改善，大批农户走上了致富路，当地官员和农户亲切地称他"爸爸刘"。

"爸爸刘"看到当地西瓜价格昂贵，就引进了多个西

▲ 和农户在一起的刘国平

瓜品种，研发适合热带岛国的蔬菜大棚，最终成功摸索出在萨摩亚种植大棚西瓜的成套技术。如今，萨摩亚有了自产西瓜，西瓜的价格也从 2017 年的 20 塔拉（约合 7.5 美元）/ 公斤降到 7 塔拉（约合 2.6 美元）/ 公斤，中国专家改写了萨摩亚西瓜全部依靠进口的历史。

然而，天有不测风云。因突发疾病医治无效，刘国平在萨摩亚为心爱的援外事业献出了宝贵的生命。

2020 年 5 月 9 日，萨摩亚首都阿皮亚郊区的纪念陵园里，哀乐低沉、鲜花环绕，人们纷纷前来送别这位农业技术合作高级专家——刘国平。当地合作官员和工人在他的葬礼上亲吻遗体，失声痛哭；许多农民自发前来吊唁，并送上花圈、卡片等。

一位项目示范农户悲痛地说："我总会想起他,他来之前,我想也没想过种菜的收入有这么高;现在我收入好了,他却走了,真伤心。"

"你能给我大棚吗?"

"你能给我大棚吗?"

这是中国专家组长被农户问到最多的问题,可见大棚在农户心目中的独特位置。为农户提供大棚,建立示范农户,是中国专家破解农业推广"入户难"瓶颈的重要举措。

这种方式将大量援助物资和技术直接投入农户,快速形成生产力,迅速提高农民收入,取得了立竿见影的效果,还具有很强的可持续发展能力。

针对萨摩亚雨季占半,暴雨和暴晒严重影响蔬菜生长的情况,中国专家组经过潜心研究,为当地农户量身定制了避雨、抗风、防虫、耐腐蚀的优质蔬菜大棚。

经过一年多艰苦努力,项目组克服土地石多不平、野外日晒雨淋、飓风和登革热疫情影响等许多困难,逐一实地考察挑选了100个示范农户,建成120个高标准、高质量、高效率大棚及配套设施,还提供了各种农机50台,发放大批种子、种苗和农具,开展一对一帮扶300多次。

▲ 莎拉对中国援助大棚赞不绝口

2018 年 9 月 6 日，蔬菜大棚移交仪式隆重举行，萨摩亚国家副元首雷·马米亚·罗帕逊、议长雷奥佩佩·托利富阿·阿普鲁·法菲西等出席。农渔业部长劳帕·纳塔尼努·姆阿在讲话中盛赞了中国援助的大棚技术。

大棚技术被公认为萨摩亚蔬菜生产的关键。项目大棚经受了 2018 年飓风的考验，被农户们评为质量最好的大棚，商业农户又从中国进口了 100 多个大棚。

功夫不负有心人。在双方的共同努力下，示范农户蔬菜收入显著增加。莎拉就是示范农户之一，在大棚建成六个月内，她的收入增加了 23100 塔拉（约合 9240 美元），羡煞其他农户。中国大棚的名声更响亮了。

"大棚效应"不只是体现于经济效益。萨摩亚农业资深人士评论说："这一举措大大改善了萨摩亚农民对政府项目的看法。"

"到中国农场培训去"

约翰·马普苏是阿里山村的一位农场主，拥有 100 英亩农场，原来主要种芋头，由于耕作粗放、缺少技术，品种杂、病虫多，导致产量低，他为此苦恼不已。

▼ 手把手教学

▲ 萨摩亚风

中国专家组了解到情况后对症下药，为他援建了两个塑料大棚及滴灌设施，并提供拖拉机帮助整地，采用良种，改进耕作方式。2018 年，马普苏的销售收入竟然超过 10 万塔拉（约合 40000 美元），一下子成为大家羡慕的人生赢家。

尝到甜头的马普苏十分感恩中国政府和专家的帮助。他隔三岔五邀请中国专家去农场指导，生产计划总要和中国专家商量；白天忙完农活，晚上还常去专家驻地串门；家里有点好吃的，也忘不了与中国专家分享。一来二去，他和中国专家成了朋友，心贴得更近了。

如今在萨摩亚，像马普苏这样的农民越来越多。到中国农场培训去，已成为当地农户争相仿效的新风尚。许多农民在生产中遇到困难，首先想到的是求助中国农业专家组。

看到农民的积极性那么高，专家组的干劲更高了。他们也摸索出了一套行之有效的培训方法：充分利用中国示范农场有利的实训条件，采取先进的模块培训方式。模块培训以农民需要为导向，密切结合农时需要，理论知识培训遵循"必须与够用"的原则，技能培训分解到每个操作步骤，提高了培训效率和有效性。

据统计，仅第四期项目就培训了项目示范农户、萨摩亚农民协会会员、民间组织农民、萨摩亚农渔业部技术人员和学生 6000 人次，发放各类技术资料 4500 余份。萨摩亚政府已要求继续开展第五期项目合作。

随着中萨农业合作项目的不断发展，两国农业交流日益频繁。中国农业专家顺势而为，积极推动对萨摩亚农业投资，正在筹建的中国农业产业园，主要从事萨摩亚特色农产品加工出口，有望成为新的增长点。

造福"南太平洋心脏"的这项民生工程还在路上。它给当地人民带来的不仅有新鲜蔬菜水果、不断增长的收入，还有身体机能、生活质量的提升，以及两国人民亲如弟兄的友谊。

项目概况

应萨摩亚政府要求，中国开展援萨摩亚农业技术合作项目，由湖南省农业对外经济合作中心具体实施，目前已完成四期项目合作。项目旨在通过建立示范农户、升级示范农场、建设农业设施、推广作物良种、示范农业机械、开展技术培训，提升萨摩亚蔬菜水果的生产能力和技术水平，显著提高蔬菜产量，替代蔬菜进口，促进粮食安全，增加农民收入。

援萨摩亚农业技术合作项目在建立萨摩亚农业推广体系、提高蔬菜水果产量、发展循环农业、培养农业人才等方面取得了显著成效，先后建立了1个综合性示范农场、9个农业站和100个示范农户；25位湖南农业专家为萨摩亚的农业发展挥洒汗水，传授技术；农业培训超过10000人次。

克里比深水港助力喀麦隆腾飞

作者：易凡

[喀麦隆] 迪夫·佛索·埃里克·赫尔曼

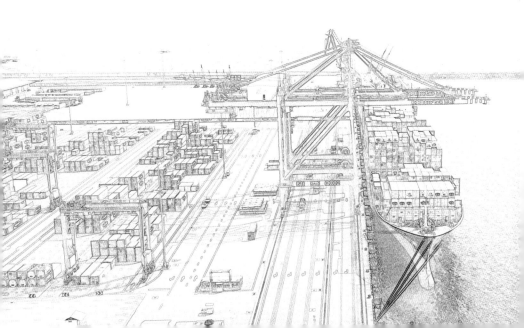

喀麦隆的克里比市坐落在大西洋岸边，这里海水湛蓝澄澈，被誉为蓝色海岸。碧浪、椰林、海风、银滩、鸟鸣，游客们沉醉于此间美景，几帆渔船遥遥点缀在海岸线上，仿佛天人合一，尽显和谐之美。

现在，除了美景，人们的目光开始被别处吸引。清晨的阳光洒向近千米长的防波堤，崭新的码头上，林立的集装箱熠熠生辉。一艘万吨级散货船在拖轮的牵引下停靠在旁，正在进行装船作业。这就是中喀互利合作的成果——克里比深水港。

十年前，只有几个小渔村坐落在此，人们无法想象，十年后的今天，这里已成为喀麦隆首个大型深水港，拥有每年 25 万标箱和 120 万吨散货的吞吐量。

这一翻天覆地的变化，要从渔村的搬迁说起。

小渔村变大港口

喀麦隆经济向来高度依赖海洋运输和港口贸易，为了改善原先主要港口杜阿拉港运力不足的状况，同时带动发展东南部经济，喀麦隆政府迫切需要新建现代化大型深水港，以满足持续增长的吞吐需求。罗拉贝村所处的克里比海域因其优越的自然条件被选为新港坐落之处。

深水港项目开工在即，因建设需要，罗拉贝村整体搬迁，

有关搬与不搬的争论在宁静的村子里炸开了锅。

老人们一致投了反对票，对于他们来说，这里是祖祖辈辈生活的地方，舍不得离开。年轻人普遍较为兴奋，征地搬迁可以获得一笔不菲的补偿金，还有新房子住。更重要的是，深水港建设及后期运营必将给这个偏远的小渔村带来数不清的发展机遇，美好生活仿佛就在眼前。

为了鼓励村民搬迁，项目实施企业中国港湾工程有限责任公司（简称"中国港湾"）主动宣介项目情况，还承诺修建连接新村子到港口及周边主干道的马路，方便村民出行。村里的老人们被中国企业的诚意打动，他们最终同意搬迁，开始期待未来的好日子。

顺利完成搬迁的罗拉贝村村民没想到，项目的实施给他们带来了实打实的发展机遇：新工作！

▼ 海滨风景

尽管开始时担心工作经验、技能和语言文化差异，村民们还是被丰厚的工资待遇和便利的通勤条件所吸引，踊跃加入了项目建设。他们没有想到，这几页纸的合同从此改变了他们的生活。

实施企业为了使当地员工更好地融入企业和成长，根据当地法律和风俗习惯，制定了合规又人性化的管理制度，同时结合每个人的特点，提供相应的技能和语言培训。

布鲁斯是仓库管理员。刚接管仓库时，因为施工器具品种繁多，讲法语的他又不精通英语和汉语，单是根据需求清单找材料就得忙活大半天。

为此，项目部技术员特意打印出中英法三种语言对照的简单用语和材料清单供他学习，日常工作和闲暇时，总是与他用英语和汉语交谈，提升其语言能力。电脑里数不清的中英文文档见证着他的成长。如今的布鲁斯，凭借流利的中英文进入项目管理部门，独当一面，对仓库里东西的摆放和用途烂熟于心。

在近三年的港口建设过程中，超过 2000 名当地员工共同绘就了他们与克里比深水港一起成长的故事。他们学会了操作机械、轧钢筋、模版支护、混凝土拌合及养护等工程技能，积累了成熟的管理经验。与克里比深水港一样，他们坚实地伫立在这片土地上，成为促进当地发展的中坚力量。

如今的罗拉贝村，村民练就了娴熟的工作技能，获得

▲ 刚落成的克里比深水港

了稳定的收入。深水港的落成刺激了当地经济的发展，街上人多了车多了，市场热闹了，生活丰富了。每天身处在来往人潮中，你根本不会想到这个喧嚣的小城镇几年前还只是一个偏僻落后的小渔村。

三方合作创佳绩

喀麦隆地理位置优越，是中非、乍得等非洲内陆国家重要的出海口，杜阿拉港长期以来承担喀麦隆 95% 以上的国际海运吞吐量。但是杜阿拉港是一座河口港，货船从杜阿拉港出海或返港，需要通过一条 50 公里长的人工航道。这条航道每年需要花费高昂的费用疏浚淤泥，且由于航道等级低、水位浅，大型船舶无法进出，不能满足喀麦隆及内陆邻国日益增长的进出口需求以及国际航运船舶大型化的发展趋势。

早在 20 世纪 70 年代，喀麦隆就开始规划新建深水港的可行性研究，但受制于外部环境和国内各种因素，始终无实质进展。在"一带一路"倡议和中非合作论坛的框架下，互利务实的中喀合作让新建现代化港口成为可能。中国港湾勇挑重担，帮助喀麦隆完成了这一重大工程。

如今，一个拥有 4 万吨级和 5 万吨级两个泊位的现代化深水港伫立在大西洋海岸线上，每天热情地迎送着往来的大型船舶。

集装箱吊车司机弗里从吊车上下来，指了指不远处已经卸货完成的散货船，心中满是自豪。这样一艘万吨级的货船要是放在杜阿拉港，进出都很困难，更别说装卸作业了。现在在他的熟练操作下，一整套装卸流程很快就能完成。

与很多喀麦隆人一样，弗里对中国功夫痴迷已久。中国功夫讲究汲取百家之长，方能立于不败之地。当听说建成后的克里比深水港将由中国、喀麦隆和法国共同运营时，弗里毫不犹豫地报名成为第一批集装箱吊车司机。在他眼里，这个三方合作共营的克里比深水港，就如同汲取百家之长的中国功夫般，三方共营必将实现三方共赢。

事实正如他所预见的一样，中国实施企业为确保项目可持续运营，拓展思路，主动引入法国博洛雷集团、达飞海运集团以及喀麦隆当地企业进行联合运营。深水港的运营管理由博洛雷集团承担，港口运量由达飞海运的航线保证，良好社会形象和当地事务处理由喀方企业负责，投融资由中国港湾协助支持，真正实现了共营即共赢，共享发展成果，让这一大型基础设施在三方合作的模式下凸显生机。

弗里还记得当第一艘货船——法国"达飞比安卡"号集装箱船抵港时，他激动地挥舞手臂，迎接巨轮入港。因为他知道，他所驾驶的吊车托举的不仅仅是货物，也是克里比港的未来。

▼ 克里比深水港的繁忙夜景

　　"呜……"远处响亮的汽笛声乘着海浪而来，又一艘集装箱船缓缓驶入码头。弗里望向远方，眼前尽是开港运营时礼炮齐鸣、民众欢庆的场景。怀着高兴的心情，他随即回到工作岗位，用自己辛勤的汗水浇灌幸福的明天。

经济腾飞迎辉煌

　　克里比深水港成功落地，有效解决了杜阿拉港装卸效率低下的问题，大大提高了喀麦隆港口集装箱吞吐能力。港口运营一年多来，成效显著，充分发挥了其作为中西非

地区便捷出海口的作用，有望成为辐射次区域国家的国际货物中转港和综合枢纽港。

不仅如此，随着运营模式日渐成熟，港口的发展也带动了周边地区路网、电网、航空网等交通和基础设施的发展。克里比港物流园区项目、疏港高速公路项目、克里比港工业园和生态城项目等一批重点项目应运而生。克里比深水港逐渐形成以港口为核心的区域经济圈，进一步增强次区域互联互通。

建港兴城，港城相长。如今，大量的物流企业、工业加工企业已经或正在落地克里比港后方地区。开车从港口至克里比市区，沿途不再荒无人烟，一路都是焕然一新的厂房和仓库。可可加工厂、板材加工厂建设方兴未艾，家具、造纸领域的多家大型企业已经签订投资意向书，准备在克

▼ 克里比深水港港口作业

里比港工业园投资兴业。

这些产业的发展为当地提供更多就业机会的同时，还间接带动了附近的旅游、餐饮等服务行业，在促进当地产业结构转型和技术水平提升的同时，也给喀麦隆政府带来了实实在在的经济效益。运营一年多来就为当地政府创造超亿美元财政收入，这还不算其他服务项目的费用，经济效益极大增强。

此外，鉴于喀麦隆与加蓬、刚果（布）接壤地区铁矿资源丰富，克里比港以集装箱中转为先导，带动临港工业区和工业城的建设，未来逐步拉动铁矿、水泥、石化等产业发展，通过加强互联互通和产能合作，推动克里比乃至喀麦隆的经济腾飞，将更有效带动整个几内亚湾区域及中部非洲地区经济发展。

渔民罗伯特对于克里比深水港的未来充满了信心和憧憬。刚想说点什么，搭档冲他吹了声口哨，要收网了！随着渔网一寸一寸地拉起，罗伯特眼中的光芒越来越亮，一堆活蹦乱跳的克里比虾浮出了水面。两人相顾一笑，今天又是丰收的一天。

这种虾独产于克里比海域，肉质鲜美，闻名于喀麦隆全国。以前，罗伯特捕到虾要自己拿到鱼市上卖，费了好大劲运过去，好多虾都不新鲜了，影响销路。这让以捕虾为生的他生活困顿，甚至不想把这门手艺传给儿子。

港口开工后，克里比的名字更响亮了，不仅游客络绎不绝，港口周围的企业和商铺也使得消费需求大大增加。作为当地美食的克里比虾供不应求，罗伯特捕的虾刚上岸就被抢购一空，有时候还被餐馆老板求着再出海捕捞。在当地著名的景点罗拉贝瀑布，人们点一份克里比虾，再配上清凉的啤酒，享受着美景美食，惬意无比，让这个城市更加充满吸引力……

披着美丽的晚霞，罗伯特和搭档满载而归，捕了半辈子虾的罗伯特终于看到了自己这门手艺的价值。一路上，他絮叨着等过阵子攒够了钱，一定要换一艘更大的渔船，

▼ 罗拉贝瀑布入海口

带着儿子一起捕虾，将这门手艺传承下去。

作为中喀合作的重要成果和标志性项目之一，克里比深水港为当地民众带来了实实在在的福祉和机遇。这只是项目一期，对于规模更大的项目二期，无数的梦想将继续开花。

克里比深水港之所以深受当地民众和喀麦隆政府赞扬，是因为它不仅仅体现了港口的经济效益，更展示出了"一带一路"倡议下中喀、中非友好互利合作所蕴含的强大生命力。当地民众坚信，克里比深水港不仅将带动克里比地区的发展，也将为喀麦隆插上腾飞的翅膀，捎上他们美好的期盼，迎接更加绚烂的未来。

项目概况

喀麦隆克里比深水港项目，由中国港湾工程有限责任公司负责建设。一期项目建设包括一个4万吨级多用途泊位和一个5万吨级集装箱泊位，以及防波堤、航道港池疏浚、装卸设备等配套设施，码头总长度670米。二期项目建设包括一个7万吨级的集装箱泊位和一个10万吨级的集装箱泊位，码头长度715米。建成后的克里比深水港已成为喀麦隆国内最大港口，在中非次区域乃至几内亚湾的海运物流和进出口贸易中发挥着重要作用。

中国港湾与法国博洛雷、达飞以及喀麦隆当地股东组成的联合体中标克里比深水港集装箱泊位25年特许经营权。2018年3月，克里比深水港正式开港。截至2019年7月，已累计完成约21万标准箱吞吐量；累计向政府缴纳约1亿欧元特许经营费，在25年经营期内向政府缴纳特许经营费总金额预计可达16亿欧元，缴纳税费约3亿欧元；现已有马士基、达飞、NDS等五家船务公司选择在克里比深水港停泊。

两国双园共谱发展梦

作者：胡一峰

[马来西亚] 王峻凯

仲夏夜，马来西亚首都吉隆坡会议中心华灯璀璨，充满中国民族风情和马来西亚文化特色的旋律，深情款款，交替响起，把人们带入如梦如幻的音乐艺术殿堂。国际著名华人指挥大师汤沐海执棒的广西交响乐团，携手马来西亚著名华裔女钢琴家克劳迪娅·杨，正为观众奉上"两国双园共同繁荣"音乐会。

园区建设的故事，丝毫不比美妙的音乐逊色。

▼ 马中关丹产业园招商中心

花开并蒂姊妹园

"两国双园"即马中关丹产业园和中马钦州产业园。关丹产业园位于马来西亚东海岸经济特区彭亨州首府关丹市，毗邻关丹港，与中马钦州产业园隔海相望。

关丹是一座宁静的小城，关丹河蜿蜒而过，流向大海。城市里并没有多少高楼大厦，保留着不少南洋风格的骑楼。2013 年 2 月，关丹产业园在马中两国政府领导的见证下正

▼ 马中关丹产业园鸟瞰图

式开园。按照规划，马中关丹产业园总面积约 12 平方公里，由生产加工区、科技研发区、商贸物流区、休闲旅游区和生活服务区组成。

今天的园区大门口，车水马龙，川流不息，走进园区，是鳞次栉比的办公楼、宿舍楼、厂房、仓库……马中两国员工正在忙碌，一派欣欣向荣的景象。面对此情此景，产业园的第一批建设者龚颖感慨万千："别看这个地方现在这么热闹，五六年前我第一次来的时候，到处是沼泽。这

么大的产业园居然也被我们建成了，跟做梦一样。"

园区建设确实是一次追梦之旅。建设初期，马中的文化和生活习惯差异让双方员工都感到头疼。一到下午三点，当地工人都会"自觉"地放下手里的活计，三三两两聚在一起，休息闲谈，热火朝天的工地顿时像被按了暂停键。当然，这不是罢工，而是马来西亚人雷打不动的茶歇时间。

一开始，温馨浪漫的马来下午茶，让习惯于抓紧分分秒秒赶工的中国同事挠头不已。不过，中方项目负责人认识到，只有互相尊重、互相理解，才能找到双方共同的舒适区。于是，她和中方同事一起，利用每天的茶歇和本地员工喝茶聊天，互拉家常，畅谈梦想和未来。

慢慢地，互相了解越来越深。加上中方对员工的承诺，一定执行到底，渐渐在当地人心中建立起了信誉和口碑。随着合作越来越顺畅、密切，大家成了一家人。

关丹当地国会议员傅芝雅说，当地员工与他们的中国合作伙伴共同工作、共同生活，相互之间的了解不断加深。而关丹产业园除了在创造就业、促进当地经济发展方面发挥作用，还扮演了文化交流的重要角色。

"两国双园"的优势得到了充分发挥。在这一创新模式下，钦州港和关丹港缔结了姐妹港，钦州市与关丹市也结为国际友好城市；钦州产业园内有关丹大街，关丹产业园附近有钦州路。两地还建立了"两市双日"交流平台，

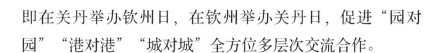

即在关丹举办钦州日，在钦州举办关丹日，促进"园对园""港对港""城对城"全方位多层次交流合作。

关丹市议员、关丹—钦州经贸总商会会长叶运兴曾带着关丹市少年篮球队到钦州比赛，取得了热烈反响。叶运兴说，篮球赛已经成为关丹和钦州加深了解、促进友谊的品牌活动，许多关丹的孩子都期待去钦州打篮球，家长也都很支持，还为孩子们做了充分的准备。

孩子们在球场上结下的友谊不但会延续到球场之外，而且会像一颗美好的种子，在两国不断深化的经贸和文化交往中结出硕果。"两国双园"如并蒂开放的花朵，镶嵌在"一带一路"的蓝图上。

东风拂晓关丹港

关丹市拥有马来西亚东海岸第一大港——关丹港。这个港口始建于1976年，是马来西亚政府重点发展的港口，也是关丹产业园发展的重要支撑。

为了配合马中关丹产业园区的发展，中国广西北部湾国际港务集团与马来西亚关丹港母公司怡宝工程集团合作，助力港口驶入了升级发展的快车道，装卸设备得到更新，经营管理更加优化，吞吐能力及效率获得提升。越来越多的中国企业了解了关丹港，这个有着 40 余年历史的港口迎来了发展的春天。

关丹港集团公司首席执行官马斯林对此感触颇深。他说，现在的新深水码头安装了卸船机，而关丹港之前没有相关操作经验，是中方合作伙伴带来了技术转移。

马斯林有一个改不了的习惯，每当谈到双方合作的情况，他总是不愿意用"双方"这个字眼，在他看来，建设

▼ 关丹港现貌全览

者都是一个团队，穿着一样的制服，为了同样一个目标共同奋斗。正是在大家的齐心努力下，关丹港的经营业绩屡创新高，各项经营指标屡破历史纪录，为马中合作树立了一个典范。

正如时任马来西亚总理马哈蒂尔所说，马来西亚钦佩中国奇迹般的自主发展，赞叹中国产业、商业领域的巨大成就。马来西亚愿意"向东看"，借鉴中国发展的成功经验，不断创新创造，实现自身更大发展。

中文派上大用场

只要说到关丹产业园和关丹港的建设发展，谁都会对联合钢铁跷起大拇指。

联合钢铁不仅是马来西亚最大的钢铁厂，更是东盟首家采取全流程工艺生产 H 型钢的钢铁厂，带动关丹港从原来以矿石出口为主，向港—产—园联动发展模式的转型，初步形成了港口、产业和园区多赢和互动良性发展格局。

联钢建设之初，当地政府担心这个拥有先进技术和产能的中国钢铁企业会"抢走"本地饭碗。不过，担忧很快

▼ 联合钢铁中马员工同欢共庆马来西亚国庆日

消除了。项目直接创造就业岗位约 4000 个，间接带动就业上万人。员工薪酬待遇高于当地平均工资水平，而且正逐步实现技术转移。

马来西亚有 600 多万华人，不少人从小坚持学中文，但因为马来语是母语，学起来并不轻松。

联合钢铁总经理秘书阿蒂拉 13 岁那年，因为课业压力很大，就一度想放弃学中文。但在当教授的爸爸鼓励下，咬牙坚持了下来，后来还到北京语言大学中文专业留学。她说："中国的发展速度让我十分震惊，中国代表着世界的希望和未来，学习中文肯定没错。"

在中文课上，阿蒂拉了解了"一带一路"倡议。从此下定决心，要进一家在马来西亚的中国企业工作，认真学习中国人的工作方式和态度。功夫不负有心人。熟练的中文为阿蒂拉插上了在职场自由翱翔的翅膀。现在，她经常鼓励身边的人学好中文。"我有一个姐姐，两个妹妹，我们四姐妹都是从小就学习中文。"阿蒂拉现身说法道，"回想起来，小时候学习的苦吃得太值了！"

轧钢厂办公室副主任凯利同样如此。凯利是关丹本地人，从小在马来西亚本地的华文小学接受中文教育。产业园和联钢项目建设期间，他还在读书，每次从这里路过，都对里面充满了好奇，也尝试着用蹩脚的中文和中方建设者打招呼，总是能得到他们善意的回应。当时他就想：要是能在这里工作就好了！这无形中增强了他努力学中文的动力。凯利的中文说得越来越流利，毕业后顺利进入钢厂工作。

入职后，凯利还得到了到中国接受培训的机会。就这样，他从焦化厂的一名调度员，一步步成长为轧钢厂办公室的副主任。凯利说，在联钢工作，每天可以见到家人，生活幸福感可高了。作为一名通晓中文的本地员工，凯利担任了中马员工的翻译员，他经常用自己的升职故事鼓励两国同事互相学习对方的语言，克服语言障碍，加深相互之间的了解。为此，凯利还主动当起了兼职教师，给两国员工授课。虽然备课上课十分辛苦，但凯利说，成功不只是个人的事，他愿意和身边同事一起进步。

日月同天　山水同在

2020年初，在中国抗击新冠肺炎疫情最困难的至暗时刻，马来西亚政府和人民积极支援，中国人民对此铭记于心。

投桃报李，当马来西亚面对新冠肺炎疫情的威胁，中国竭尽所能，及时伸出援手，根据当地需求及时提供抗疫技术和物资等支持。

自疫情在当地爆发以来，马中关丹产业园一方面不断加强人员和资产的防疫保护，在当地政府允许的情况下坚

持运营，确保海外项目不停工停产，为维护当地经济的正常运行贡献一份中国力量。同时，在马来西亚多条国际物流航线停航的情况下，马中关丹产业园仍想方设法在中国采购了20万个一次性医用口罩。

区内企业建晖纸业（关丹）有限公司在抗击疫情的关键时刻也站在了第一线。为解决口罩供应不足的问题，建晖纸业专门在厂内改建一条生产线转产口罩，无偿支援防疫一线。

2020年3月，中国驻马来西亚大使馆及马中关丹产业园建区和入区企业联合举办向马来西亚政府捐赠医疗物资仪式。仪式上，马中关丹产业园向马来西亚政府捐赠60万个医用口罩。

在捐赠仪式现场大幅背景板上，一句中马双语的马来西亚谚语引人注目："Bukit Sama Didaki, Lurah Sama Dituruni 遇山一起爬，遇沟一起跨。"这是中马团结一致、共同抗疫的时刻，在这样的艰难时刻里，患难与共，守望相助是中马关系的主旋律，马中关丹产业园携手马来西亚共克时艰，为这段旋律谱写了英雄的乐章。

中国和马来西亚有着悠久的交流史。600多年来，有一位叫"三宝"的中国人在马来西亚家喻户晓。马六甲有座三宝山，山上有口三宝井，还有一座三宝亭，亭子里的塑像被尊称为"三宝公"。三宝就是多次来到马六甲和平使者——郑和。如今，郑和的故事有了新篇章，中国和马来西亚的交流更加密切, "两国双园"也为中马友谊谱写下新的乐章。

项目概况

马中关丹产业园区位于马来西亚东海岸经济特区的彭亨州首府关丹市, 距离马来西亚首都吉隆坡约 260 公里, 毗邻关丹港, 距关丹机场 40 公里, 距市区 25 公里, 关丹港到广西北部湾港航程仅 3 天。园区规划面积约 12 平方公里, 一期占地约 6 平方公里, 二期占地约 6 平方公里。

马中关丹产业园有限公司作为园区的开发主体, 由中国和马来西亚双方公司组建, 负责产业园区基础设施和公共设施的投资、建设、运营和维护, 中方公司——广西北部湾东盟投资有限公司占股 49%, 马方公司——马来西亚关丹彭亨控股有限公司占股 51%。园区重点发展钢铁及有色金属、机械装备制造、清洁能源及可再生能源、石油化工工业、电气电子信息工业以及科学技术研发等为主的现代服务业。截至 2020 年 7 月, 马中关丹产业园共有入园企业 11 家, 协议投资额超过 350 亿元人民币, 全部建成运营投产后可望实现工业年产值约 400 亿元人民币, 创造了国际经济合作创新典范。

刚果（布）的梦想之路

作者：张玉雯

[刚果（布）]恩戈黛妮·妮奈尔

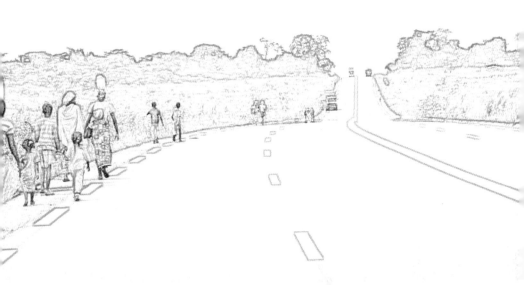

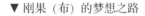

　　宽阔的双向四车道柏油马路，往来的车辆疾驰而过……这条横贯刚果（布）东西的公路被命名为"国家1号公路"，全长536公里，从大西洋岸边的刚果（布）经济首都、全国第二大城市黑角出发，直达首都布拉柴维尔。

　　国家1号公路沿途穿过了草原、河谷、森林、高原、沼泽等各式地貌，可谓"奇山伴异水，天堑变通途"。同时，这条路又连接起了沿线大大小小的城镇，串联起了全国65%的人口和东西部主要经济要素部门，为当地百姓带来了实实在在的福祉。

　　它已然成为刚果（布）人民心中的"梦想之路"。

▼ 刚果（布）的梦想之路

昔日崎岖路，今日变通途

富饶而美丽的刚果河是非洲大陆腹地最重要的水系之一，河流蜿蜒曲折，养育了刚果盆地的万千人民，最终汇入大西洋。布拉柴维尔和黑角如同两颗璀璨的明珠镶嵌在刚果河下游。沿岸广袤的原始森林和湖泊沼泽中蕴藏着石油、矿产等丰富的自然资源。

但是，刚果河流域地形和水文条件十分复杂，地形多样，森林茂密，河网众多，只有数百公里距离的黑角与布拉柴维尔之间的陆路交通和运输十分不便，仅有的土路路况极差，漫长、难熬的行驶过程成了很多长途司机的心头之痛。

赫道夫是当地一名货车司机，长年往返于布拉柴维尔和黑角之间，单程至少要花费一周的时间。对他来说，时间漫长倒不是最难的部分，一路上糟糕的路况才是最难的。本来，原有的土路就坑坑洼洼，往来穿梭的重型卡车让路况雪上加霜。碰上暴雨，可谓寸步难行，一路上的大水坑让汽车随时可能"趴窝"或者"罢工"。

这一天，赫道夫的货车又"趴窝"了，他已经记不清此行陷过多少次了。三天了，他只开了100多公里，还不到总路程的三分之一。他边感慨边叹气："什么时候我才能开在平坦通畅的路上呢？"

原有土路是20世纪80年代修建的，由于当时的技术

▲ 修建前泥泞的道路

和经济条件限制，路面仅有几米宽，加上几十年来鲜有维护，茂密的森林与复杂的地形已经阻断了部分通道，走走停停成了常态。对于司机们来说，前面的路是不是还能走，每一次都要看运气。

　　陆路运输困难，导致两地货物运输只能选择年久失修、运力受限的铁路或者运量极小、价格昂贵的空运，但这两种运输方式各自面临瓶颈，无法满足刚果（布）的运输需求。整体运力的紧张限制了刚果（布）及周边国家人员和物资的流动，尽管资源丰富，但这个发展潜力巨大的国家和人

民却无法享受到资源开发和社会经济发展带来的好处。

"要致富，先修路。"刚果（布）经济的腾飞离不开便利的交通条件。长期以来，刚果（布）政府和人民都期盼着修建一条横贯东西、连接全国两大城市的标准公路，解决刚果（布）运力不足的问题。但是，资金匮乏的难题无法解决，再加上沿途自然条件十分恶劣，多年以来这个项目总是"有人想没人做"。

最终，是充满活力、符合中非人民共同利益的中非互利合作，让刚果（布）人民有了梦圆的机会。在中国和刚果（布）一揽子合作项下，这个项目被提上日程并最终确定实施。中国建筑股份有限公司勇担重任，负责建设，而这条公路也成为中刚合作史上体量最大的基础设施项目。

2008—2016年，整整八年的时间，在"一带一路"倡议和中非合作论坛成果的引领下，中刚双方政府和企业密切配合，积极协作，在项目实施过程中坦诚沟通，精诚合作，最终顺利完成了外界普遍认为不可能完成的任务。

2016年3月1日，是一个可以载入刚果（布）史册的日子，也是见证中刚合作、中刚友谊里程碑的一天，"国家1号公路"通车了！

刚果（布）总统萨苏盛赞这是历史性功绩，称中国建设者"圆了刚果（布）几代人的梦想，中国是真心实意帮助我们发展经济……"

中国人，真棒！

修建之初，当地复杂的地形条件给施工团队带来了很大挑战。让人寸步难行的悬崖峭壁，经常出来拦路的茂密丛林，一些连当地人都不敢轻易涉足的无人区，再加上蛇虫出没、气候恶劣，这些都成为施工团队必须面对也必须攻克的"堡垒"。

很多国外企业投来质疑的眼光，他们不相信，中国企业可以在这种恶劣的条件下修出一条合格的公路。

条件确实是难以想象的艰苦。前期，物资供应没到，有时碰到断水，大家只能用铁皮桶接着热带雨林的雨水喝，也算是"独一份"的感受。除了风土、气候和饮食不适外，当地卫生条件也很差，蚊虫肆虐，几乎每个参加过修路的人，都会被不知名的昆虫咬伤，严重时一昏迷就是好几天，疟疾、伤寒更是家常便饭。大家经常笑称："热带病都要感受一遍。"

"我们常常要在郊外安营扎寨，碰上阴天没星星，夜里真是伸手不见五指。大家都一直生活在城市里，那种漆黑对我们来说真是有些害怕，而且蟒蛇、鳄鱼时常出没，稍有些动静都怕是有危险出现。"施工队员魏乐荣说道。

尽管前途艰险，条件恶劣，施工队员们始终牢记使命，勇敢前行。无路可走，就肩挑背扛沉重的测量仪器跋山涉水；

无处落脚，就在沼泽地齐腰深的水泊中寻找导线点；车辆难行，大马力挖掘机就成了唯一可用的代步工具。

这里有长达半年的雨季，强大的降水量可瞬间将原始森林变成一片泥泞的沼泽或者湍急的河溪，一年中最佳施工时间最多也就六个月。所以，大家都铆足了劲儿，希望在最佳施工时间里快赶进度。

当地人经常看到深夜的工地上灯火通明、机器轰鸣，不知疲倦的施工团队正在通宵达旦地干活。一辆辆满载着工程建设物资的卡车来回穿梭，从各个地区采购而来的机械设备与生产物资日夜兼程抵达现场，保障施工进度。这种只争朝夕的工作态度只是项目建设过程中繁忙场景的一个缩影，也是不惧困难的施工团队敢于拼搏的真实写照。

条件艰苦，施工团队的物质保障和生活待遇可以"打折"，但他们对工作的热情和对工程质量的高标准、严要求却始终不会"打折"。施工团队对质量的精益求精，让刚方和外国企业刮目相看。

施工团队的马建明，留着络腮胡子，虽然看起来模样粗犷，但在施工标准上却异常严格细致，努力把每一个施工细节做到极致。在检查路基施工质量时，一位对施工质量十分挑剔的法国监理发现自己负责路段的路基在遭受暴雨冲击之后仍十分坚固，忍不住对马建明竖起了大拇指，并大声称赞："Chinois, Super!"（中国人，真棒！）自

▲ 正在施工的压路车

此以后，只要是马建明负责的路段，法国监理都十分放心。

后来，法国监理发现项目上的"马建明"越来越多，对中国施工质量的态度从将信将疑转变成由衷钦佩，"中国质量"一步步竖起了招牌。

在国家1号公路二期路段通车仪式上，刚果（布）总统萨苏为参与项目建设的各方人员代表14人授予象征本国最高荣誉的"骑士"勋章。这些建设者的高标准与优良作风赢得了刚果（布）政府和人民的交口称赞。

生活更美好

密歇密歇村位于普尔省，全村近400人。这里的村民们原以农业为生，除了自给自足外，剩余农产品只在小范围内流通，很难销售到远方大城市，所得收入仅能满足温饱。因为国家1号公路就在村旁经过，村子发生了翻天覆地的变化。在公路建设高峰时，村里除了老幼，适龄劳动力几乎全在项目工地上劳动，全村居民的整体收入大大增加。

47 岁的菲利普是密歇密歇村村长，他对这一切改变尤为欣喜。他发现这条路给村民的思想和生活带来了显而易见的变化。现在，村民们不再拘泥于农作，越来越多地选择去做司机、修理工和杂工，即使原本不具备某些技能的人也会积极主动地去学习新技能，获得新工作。此外，村里的农产品由于公路的建成，可以在很短的时间内运往大城市销售了。村民的收入有了很大提高，生活也越来越美好。

如今，菲利普自己的日子也过得很美。菲利普家里人口众多，原本他觉得只要农作收成能让全家温饱就足够了。但眼前的国家 1 号公路给他打开了一扇窗，让他看到了凭借技能谋生的重要性，看到了通过学习改变生活的重要性。出去学习，成了这些原本靠天吃饭的当地人的新追求。

菲利普也在公路项目上找了份工作，每天跟中国的施

工队员们接触，他对中国人吃苦、坚韧、精益求精的工作态度感到佩服。菲利普也因此对中国和中国文化产生了浓厚兴趣，他希望孩子们有朝一日能去中国留学，学习汉语和最先进的知识技术，回来后在中国公司任职，改变自己的命运。菲利普常常告诉孩子们："是这条路改变了我们的生活，中国人是我们的好朋友！"

这条刚果（布）国内等级最高、通行条件最好的公路，使黑角至布拉柴维尔的车程从至少一周缩短至八个小时，交通量由原先的 164 辆 / 日增加到现在超过 4000 辆 / 日，车辆日通行量平均提高十倍以上，刚果（布）大部分重要物资、矿产、森林资源进出口均需要借助该线路运输到黑角港。

刚果（布）《布拉柴时报》在报道中高度盛赞国家 1 号公路："自通车以来，它极大地改善了货物和人员自由流通的条件，打开了城市地区和长期闭塞地区的大门。它激励了

▲ 俯瞰刚果（布）国家 1 号公路

沿途各省的农业和林业的发展，让作物和产品能够运输到消费区域。它还有助于发展旅游业、促进休闲观光……"

刚果（布）国家1号公路是一条梦想之路，也是一条未来之路。现如今，中国建筑已与刚果（布）政府和法国企业开展合作，共同运营维护这条建成不易的梦想之路。相信在今后，在黑角到布拉柴维尔的路上，车辆将更加川流不息，这条合作之路也必将续写出更多令人充满期待的华美篇章。

项目概况

刚果（布）国家1号公路项目是中刚互利合作项目，由中国建筑股份有限公司负责建设，2008年5月开工，2016年3月竣工。

刚果（布）国家1号公路起于刚果（布）第二大城市黑角，止于刚果（布）首都布拉柴维尔，全长536公里。项目实施过程中，为当地提供了1万多个就业岗位，属地员工最低工资超过刚果（布）本国最低工资标准8%。此外，项目还注重为属地员工提供良好的培训机会，培养了超过4000名工程领域的属地技术人员，培养了80余名属地化管理人员，一定程度上补充和丰富了当地急缺的工程领域人才。

共同打造意大利"云上的生活"

作者：马李文博

    [意大利] 加布里埃勒·萨加里格里亚

2020 年 4 月,意大利新冠肺炎疫情最严峻的时期。

12 位意大利著名歌唱家彼此不能见面,只能用各自的手机,将在自家阳台上放歌的高质量影像快速稳定地传到中方制作者的操作终端。

在疫情的阴霾下,《图兰朵》的经典咏叹调出现在中意歌唱家云合唱的 MV《在一起》中,让观众们为之振奋。

完成这一跨国合唱,正是依赖中兴通讯负责的意大利移动运营商 Wind Tre(简称"WT")项目的网络支持。

从网络卡顿到通信良伴

意大利是全球人均移动终端使用率最高的国家之一。为了阻断新冠肺炎疫情蔓延,意大利也实施了封城措施,大家对网络的依赖程度大幅提升,视频流量成倍增加。

"我和家人不得不接受分隔两地的现实,多亏有了稳定的网络,父母每天能通过视频电话直接看到我窗台下米兰大街上的最新情况,我也能从他们的视频里看到家乡镇上的每一个细节。我们每天至少通一个视频电话,看到彼此安全才安心,我们一定能挺过这段时间。"住在米兰的大学生安东尼奥说。

高质量的网络在意大利抗击新冠疫情期间派上了大用

处。人们不仅用网络传输即时影像，还用网络购物、送餐送货、在线工作、在线娱乐，信息在一部部电子终端之间准确、即时地传输，把无数个体连接起来。

几年前，安东尼奥刚用上移动运营商 Wind 的 4G 服务时，用手机视频通话总是卡顿，影像模模糊糊的，语音通话也常常掉线。安东尼奥说："我干脆不用视频通话了，朋友们总打趣我的新手机还是一部只能发发图片的老款手机。"

如今，视频电话是安东尼奥最常使用的手机功能之一，越来越多的朋友和他开始了流畅稳定的视频联系，这都得益于运营商网络改造带来的好处。

2016 年，Wind 与另一家移动运营商 Three 合并，成立 WT 公司。合并前，两家运营商由 3 家主设备商提供服务，网络覆盖不足、容量不足、设备老化，集成度极低，无法支持 4G 的平滑演进。合并后，WT 公司为了长远发展，启动大规模的网络现代化改造，既要将之前两家公司的网络合并，还要提质升级，项目难度非常大。有意大利的客户曾这样评价说："这是过去十年欧洲本土最难完成的项目。"

最终，这个最难完成的项目，由中兴通讯完成了。

2017 年初，WT 项目开始执行。中兴通讯设计的解决方案能够实现设备统一管理、统一运维以及系统间的资源共享，为 WT 节省建网成本 30% 以上。不仅如此，项目建成后还满足了运营商未来 5 年的 4G 容量增长，通过几项

▲ 设备上电前的细心检查

关键技术的结合，大幅提升了商用 4G 网络的性能，使下载速率提升到超过 1Gbps+ 的速率。

2020 年，网络改造项目完成，WT 的数据流量较之前提升了 293.1%，网络覆盖面有了巨大改善，特别加强了室内覆盖能力。在欧洲知名第三方测试机构 P3 组织的网络质量评比中，WT 在总分、下载速率、语音业务呼通率等方面均位列意大利全国第一位，已成长为意大利移动通信市场网络规模最大、网络质量最佳的运营商。

在中兴通讯的帮助下，WT 不仅实现了 2G/3G/4G 网络融合，而且保持了长期演进的低成本，能够在未来平滑升级到 5G 网络。

一家与 WT 有合作的公司，已经开始了基于 5G 的未来战略规划：城市智能视频监控系统、AR 远程医疗服务、智能电网、移动钱包、建筑结构健康监测、AR/VR 虚拟访问、精准农业和供应链可追溯的农产品、5G 流媒体电影拍摄……有了 5G，这些事情很快就能变为现实。

在暗夜中增长的信任

2018 年 4 月中兴通讯面临巨大危机，让本已发展良好的 WT 项目进入了长达一个季度的蛰伏期。但在那段时间里，项目组并未因此消沉，而是琢磨如何进一步提高团队的工作效率，并积极与分包商增进感情，做好安抚工作。

项目组技术总监刘凯和他的团队一直在以美第奇命名的办公园区工作。虽然不能进行正常的技术研发，但他们可没闲着，每个人都充分利用时间，思考怎样在尽可能短的时间内创造更多的价值。

在符合公司合规要求的前提下，他们思考如何通过网管、SIC、控制器、网优等各种小工具的优化，提升团队工作效率，改善网络质量。在复工以后，技术团队通过持续提升和改善，在版本升级过程中表现优异，获得了客户的高度认可。

意大利的分包商地域特征明显，比较分散，普遍规模不大，人力成本高，现金流不容乐观。这些因素导致各分包商和项目组合作时瞻前顾后，配合并不理想。

项目组抓住这个时间窗口，梳理过去合作中存在的问题，面对面地深入了解他们的想法，在合规的基础上，充分考虑分包商们的利益。不仅如此，项目组还向他们承诺，即使公司未来真的出现问题，也不会拖欠他们项目款。就这样，分包商体会到了项目组的诚意与负责任的态度，也开始站在客观的立场考虑问题，表达了对中兴通讯的支持。

在危机时期，双方的信任感和合作度反而有较大提升。在复工之后，分包商们对中兴通讯信心倍增，快速动员自身资源，为后期的项目顺利执行打下了基础。

▼ WT 项目设备安装调试

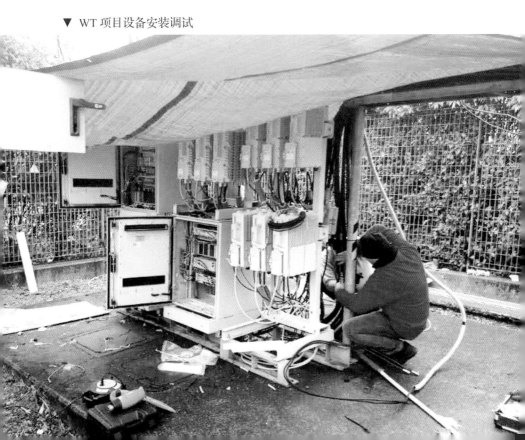

WT 的 "马可·波罗" 们

法比奥是 WT 项目技术运维团队负责人，小时候他就看过电影《末代皇帝》，对中国紫禁城的印象非常深，特别想到中国实地看看。

中兴通讯也想让双方员工加强了解，先后策划了三场"爱在中兴——马可·波罗中国行"活动，让 50 名优秀的外籍员工近距离了解中国。

作为其中的一员，法比奥终于圆了来中国的梦想。他早就通过阅读书籍，在脑海中形成了一个现代文明和传统文化相结合的中国印象，这次活动验证了他的想法。

到中国后，法比奥来到深圳大梅沙中兴通讯学院接受集中培训，在展厅中了解了 LoT 城市应用、5G 技术和2020 网络变革。他和同事们还在北京的长城、故宫留下了足迹。法比奥说，我在深圳感受到科技、现代化和未来城市，在北京又和中国历史不期而遇。但无论在哪里，人们都友好礼貌，这种文化已深入骨髓。我相信，我的事业最重要的价值就是将意大利的现在与未来融合。

"马可·波罗中国行"的发现之旅充满惊喜和收获，WT 南区项目规划经理罗科在中国公司的工作经历同样如此。

加入中兴通讯之前，罗科在 Wind 工作了 15 年，他渴望更新的挑战和更广阔的视野。当得知 WT 项目有新的岗位机会时，他毫不犹豫地递交了申请。

最初，WT 项目人员较少，就在 Wind 的办公室办公。罗科还是在同一个地方上班，只是身份由甲方变成了乙方。随着项目的推进，WT 团队发展很快，罗科个人迅速成长，履历也加速变化。入职初期，他是一名网络优化工程师，两个月后由于工作表现优异，他的岗位调整为项目规划，要跟踪所有项目的工程计划制订及落地执行。他立刻意识到这个岗位有多么重要，对个人的职业发展是一个非比寻常的机会。

罗科说："在电信运营商的工作是非常平静的，但在项目组节奏更紧张。世界上很少有这样大规模的网络融合项目，而且整个团队的眼光都在瞄准 5G，我在这里有很多表达自己意见的机会。"

WT 项目在当地增加了 1000 多个就业岗位，间接岗位

▼ 同舟共济，砥砺前行，中外员工共庆端午节

超过4000个，培养了大量通讯人才，也使中兴通讯的管理经验和先进技术在意大利本土落地。

800年以前，意大利人马可·波罗为了探索东方，来到了中国，他在游记中把中国的皇家邮政系统介绍到意大利，那是中国古代传递信息的通信网络。斗转星移，WT项目构建了一个面向未来的通信网络，让意大利人在现代云时代再次开启探索的旅程。

项目概况

中兴通讯Wind Tre项目是欧洲最大的无线全国网项目。该项目为意大利最大的移动运营商Wind Tre提供双网融合方案，规模近10亿欧元，具有"规模创新高、进度最严苛、方案极复杂、界面开先河"等特点。

项目于2017年初开始执行，2018年完成重点城市的搬迁和双网融合，2020年6月完成整网建设及验收。项目通过采用Uni-RAN解决方案，以及先进的高集成度设备，实现了Wind Tre的2G/3G/4G网络融合。Wind Tre的网络性能明显提升，数据流量融合后提升293.1%，LTE下行速率提升27.1%，网络可用率提升2.6%，GU掉话率下降52.2%，成长为意大利移动通信市场网络规模最大、网络质量最佳的运营商。目前，基于客户网络规划及需求，项目继续进行部分区域的网络扩容工作。

纵贯南北的最美高速

作者：奚远

[牙买加] 伊雷娜·卡森斯

加勒比岛国牙买加风景优美，是著名的旅游胜地。但岛中部多山，地质条件复杂，成为横亘南北的天堑。不仅如此，原有的老路多年失修，一些路段存在交通瓶颈，每年雨季都会因洪灾而中断交通，造成南北交通不便，极大制约了当地经济发展。

经过多方努力，南北大通道建设终于启动，但受技术、资金等种种因素制约，项目建设一度面临烂尾危险。中国港湾工程有限责任公司（简称"中国港湾"）雪中送炭，与牙买加政府共商建成了南北高速公路。

这条高速公路，从首都金斯敦西侧起，直通北部加勒比海，被当地民众称为"最美高速"。

牙买加镇长的中国朋友

身为镇长、圣凯瑟琳教区议员代表的悉尼·罗斯最近因为修建高速公路的事情有些心绪不宁。建高速路当然是件大好事，当地人民盼望修路可谓望眼欲穿，他听到这个好消息，也激动得浑身颤抖。

可是，这很难啊！比如居民拆迁问题，就让人非常挠头。不少当地居民想修路却不想搬家，有人不肯搬走，甚至还有人漫天要价……作为镇长，他既要照顾居民利益，又要让项目建设尽快展开，感到左右为难。

▲ 最美高速

今天，他就要和中国港湾的工程师王磊磊具体讨论居民拆迁的事了。一大早，罗斯就来到王磊磊的办公室，这位长相英俊、朝气蓬勃的中国年轻人热情接待了他，开门见山地和他谈起了工作。

王磊磊拿着设计图，详细介绍公路施工方案，着重谈了居民拆迁工作，并表示将尽全力支持地方政府开展工作，让当地居民满意。"我们已经谈好了 11 户拆迁户，下一步就要启动统一结算了。"

这个中国人话语干脆，热情执着，又透着真诚友善，

似乎有种无形的魔力，让罗斯信服。后来，罗斯也加入王磊磊的工作组，和他们一起走访、调查、谈判、善后。

詹姆斯·汉森是拆迁区的一户村民，他提出的补偿要求很高，一次甚至将政府负责拆迁的官员赶出门。那天一进门，詹姆斯的态度依然强硬，直接表示，除非答应他提出的条件，否则来几次也没用，并一再表示不愿再谈。

尽管这样，王磊磊还是笑脸相迎，耐心地把相关政策和法规告知拆迁户，动之以情，晓之以理。经过两个多小时的交谈，詹姆斯的态度终于有所松动，确定了再次协商

▲ 中方员工耐心讲解

的时间和地点。最后，大家终于谈妥了。

"中国是牙买加的好朋友，修路是朋友为我们造福来了，不能让朋友吃亏。"罗斯经常把这句话挂在嘴边。还别说，这话还真管用。除了初期拆迁费了些时间，后期高速公路建设，都得到了当地政府和人民的大力支持。

三年下来，罗斯和王磊磊结下了深厚的友谊，他已记不清两人一起走过多少村落，见过多少居民。当公路快要修完，王磊磊即将回国之际，罗斯感到怅然若失。他实在有些舍不得这位优秀的中国年轻人。

"这是我的高速路"

"It's my highway！"（这是我的高速路!）安德尔正在车上向他的朋友自豪地介绍这条他工作了三年的高速公路。

和许多普通的牙买加工人一样，安德尔勤勤恳恳，任劳任怨，愿意学习，凡事喜欢琢磨，最终成为各位"中国师傅"的得意弟子。

在项目部工作的这段日子内，安德尔不仅学会了绑扎钢筋、模板支护、安全防护、设备操作等一系列技能，还成为项目上的"指挥小能手"。

"今天师傅交给我们的各项工作必须集中精力、服从指挥、加快速度，这是我们牙买加人自己的路。"每天早上上工前，安德尔都会这样大声交代同组的工友。

功夫不负有心人。安德尔先后培养出几十名熟练的模板工、钢筋工、现场安全员。"让更多的同胞学到熟练技术，获得可观的收入，我心里也高兴。"安德尔的话总是透着那股实在劲儿。

后来，安德尔被晋升为项目当地员工带班组长，带领

▼ 安德尔正在检查钢带波纹管内部涂漆

大家修建中央护栏，维修铺设各类水管，整个工序他都能安排得井井有条。

勤劳的工作也让安德尔的小日子越过越红火。"之前做杂工的时候，三个孩子吃不饱、没新衣服穿，这份工作改变了我的生活，家里的泥巴草棚房也翻盖了。"安德尔说，他还打算找中国师傅学习器具维修、设备维修技术，将来继续跟着项目干。

一封员工的来信

许多当地人受益于公路项目，他们或改善了生活，或提高了技能，或增强了对生活的信心……

这天，项目组收到一封员工来信。当地员工约翰逊以书信的方式，诉说着他与项目共同成长的故事：

"我叫约翰逊，在中国港湾项目部从事日常维护工作。来这之前，因为失业，我经历了一段极其痛苦的时期，一度感到压抑和绝望。姐姐去世后给我留下了她三岁的儿子，我自己还有女儿，我们家的生计全靠我的收入。我感觉自己掉进了一个无底洞，看不到任何曙光。

"直到我通过了南北高速项目部的面试！我的喜悦之情在那一刻彻底迸发，一直缠绕着我的黑暗和绝望消散殆尽，生活从此有了光亮。

　　"起初我只是做卫生保洁工作，我努力学习的同时常常自警自省，尽责完成任务，即使我不知道如何去做，我也会虚心学习，研究摸索出解决方法。现在，我可以完成许多以前做不到的任务，比如修理各种管道，操作简单电气工作，更换门锁，这些都是我从中国港湾学习到的技能。

　　"因为这份工作，我还清了欠款，买了自己的小车，也有了积蓄，我不仅可以照顾我的家人，还能帮助我的大家庭。经济上的稳定极大地鼓舞了我，增强了我生活的信心。

　　"是项目组拯救了我的生活，给了我存在的理由，让我重新实现了自我价值，并把我从生命中最黑暗的地方拉了出来。我衷心地希望我的公司能继续在牙买加发展，我可以继续在这里工作，拥有更加美好的生活。"

▼ 在南北高速路公司工作的当地员工

一条纵贯南北的高速公路，就这样改变了许多牙买加人的人生。

最美高速也是经济引擎

牙买加南北高速公路被当地民众称为最美高速，美在何处？

美在创新，美在科技，美在环保，美在公益。

各施工单位在工程建设中采用了许多新技术、新工艺、新理念，进行了一系列有益的尝试和创新，节约投资，提高质量。

针对特殊的滑坡体地质情况，项目部多次聘请中国港湾科技部团队、国内顶尖的地质专家进行会诊、优化设计，最终决定采用桩板墙方案，减少对疑似滑坡体的扰动。针对桥梁桩基工程，项目部聘请第三方检测专家，对项目上的长大纵坡的技术难点共同研究攻克。此外，为提高设计质量，保证设计工作的准确性，项目部还邀请中国港湾美国旧金山的技术团队、美国 AECOM 公司、美国德州交通厅的专家，给予技术上的意见指导。

在保质保量完成工程的同时，项目部始终不忘自己的社会责任。他们为社区修建道路、为贫困生提供奖学金、

▲ 中外员工合影

为山区小学修缮校舍，路修到哪里就将社会公益做到哪里，将企业发展与牙买加经济社会发展有机融合，树立了企业良好的社会形象，用具体行动展现了互利共赢的合作理念。2015年，中国港湾获牙买加主流媒体《集锦报》年度商业引资领域特别奖，这是中国品牌在牙买加得到的高度认可。

最美高速也是经济引擎。

通车仪式上，牙买加总理安德鲁·霍尔尼斯出席并致辞，盛赞这是一条"通向发展之路，通向富强之路，通向未来之路"。

公路通车后，首都金斯敦和北部旅游城市八条河市的通行时间从以前的3小时缩短到40分钟。仅此一举，便将许多到北部度假的欧美游客吸引至南部参观旅游。两地旅游大巴开通，物流效率提高，500 多家当地企业成为高速公路的固定商户。

交通便利了，受益的不仅仅是旅游业和交通运输业，房地产、建材、汽车、包装、食品加工和农业等均不同程度受惠，直接或间接地为当地百姓创造了上万个就业机会。

让两国人民更感欣慰的是，南北高速的建设仅仅只是中牙合作的一个开始。未来几年内，酒店、房地产、商业中心、物流园区、工业园区等商业开发项目也在积极筹划中。随着中牙两国合作的持续深入，牙买加的发展将有更多机会和更大市场，这颗加勒比海上的珍珠将会绽放出更加璀璨的光彩！

项目概况

牙买加南北高速路总长 68 公里，全封闭双向四车道，全程实时监控，设计时速每小时 80 公里。

高速路南起首都金斯敦西侧开曼纳斯工业园区，北至八条河市，由中国港湾工程有限责任公司建设，项目建设工期三年，建设高效、优质、安全，多次被牙买加建筑师协会授予牙买加最佳工程奖。

月亮岛的"驱魔人"

作者：徐越关

[科摩罗] 卡马尔·赛义德·阿卜杜拉

海风轻轻吹着，含着鹰爪兰的香味，缓缓地布满了整个科摩罗岛。眉荷娅穿着清爽的长裙站在海边，回想几年前，即使是在炎炎夏日，大家在室外也要穿着长袖长裤；哪怕热得满身是汗，都不敢把袖口挽起来一点。

因为裸露在外的皮肤会引来蚊子，而蚊子带来的是疟疾，被当地人称为"带来哭喊尖叫的瘟鬼"。

如今，她看到海滩上，人们都身着短装，享受夏日清凉，十分惬意。她时常想起那段被疟疾困扰的日子，对与"中国兄弟"一起抗击疟疾的经历记忆犹新。

▼ 科摩罗传统舞蹈表演

月亮岛的困扰

"科摩罗"在阿拉伯语里是月亮的意思，因此，科摩罗又被称为"月亮岛"。组成科摩罗的大科摩罗岛、昂儒昂岛、莫埃利岛和马约特岛被誉为西印度洋上的四颗明珠，景色十分优美。然而，由于这里气候特殊，基础设施又相对落后，几十年来，当地人饱受疟疾困扰。老人们回想起年少时的患病经历，仍心有余悸："忽冷忽热，耳鸣打战，要花很多钱才能治好。"

当时，在科摩罗各种疾病致死原因中，疟疾居首位。2006年科摩罗卫生部数据显示，全国疟疾病例共10.8万例，相当于每100人中，就有14人感染。疟疾病人占门诊人数的38%以上，占住院病人的60%。疟疾成了整个社会、经济发展的一大障碍。

但是，当地人对这种病没有防控能力，只能穿上一件又一件的长衣稍做抵御。而5岁以下的儿童作为疟疾易感人群，病死率高，父母往往等到孩子过了5岁才敢给孩子起名字。

2006年，应科摩罗政府邀请，中国政府组织实施援科摩罗疟疾防治项目，选派长期从事疟疾研究工作的广州中医药大学和广东新南方集团组建广东青蒿抗疟团队，迅速前往科摩罗的莫埃利岛展开试点工作，帮助当地人摆脱疟疾困扰。

尽管对当地情况已经有了思想准备，但真正到达时，大家还是傻眼了。

这里具备蚊虫繁殖所需的所有自然条件：一年四季高温，雨水充沛，草木茂盛。雨季过后，大片土地泥泞，环境极易繁殖蚊虫。

生存条件也让抗疟团队吃不消。当地隔三岔五会停水，最长的一次足足停了21天。食物多以油炸食品为主，有些人满嘴血泡，蔬菜更是奢侈品。

这些都不是抗疟团队遇到的最大问题。抗疟工作开展初期，当地人对他们的工作不理解，抗疟团队遭遇了各方的反对。

"他们在喷什么？"

"我们没得病，为什么要吃药？"

原来，抗疟团队针对岛上的疟疾状况，计划从"防"和"治"两方面入手。一方面，通过喷洒杀虫药剂灭蚊，防止疟疾再传播；另一方面，提前让未感染疟疾的居民服下中方研制的口服复方青蒿素，这种药在人体内作用迅速，药效持久，人们即使受到蚊子叮咬，也会大大降低染病概率，从根本上把控染上疟疾的可能性，逐渐彻底消除岛上的疟疾。

然而，当地民众多年来对疟疾的恐惧，使他们对抗疟团队的治疗方案多少存疑。面对种种阻碍，抗疟计划一时陷入僵局。

月亮岛的新办法

"疟疾防控每个阶段重点不同，莫埃利岛的疟疾高度流行，不能只是治，关键是要防，要彻底在这个岛上消灭疟疾，把全民服药方案落实到每一个人。"邓长生博士是这样说的，也是这样做的。

接下来的两个月内，他带领抗疟团队跑遍了科摩罗卫生系统，通过座谈会向卫生部门宣讲复方青蒿素快速消除疟疾项目。他们没日没夜地调研，挨家挨户地宣传，走遍了莫埃利岛上27个村庄，通过做宗教长老的工作，带动村民服药。

"有些可能连科摩罗总统都没去过的村子，我们都去

▼ 抗疟团队与当地卫生主管部门联合举办项目技术讨论会

过了。"邓长生博士笑谈道，"居民不相信我们，不愿意相信中医药和源于中医药的理论，那我们就让他们相信嘛。"

功夫不负有心人。抗疟团队的方案终于得到了科摩罗卫生主管部门的支持，同时也获得了普通百姓的信任。经过长达两年的前期准备，"中国政府援科摩罗疟疾防治项目"在科摩罗莫埃利岛正式启动。这一天，中科联合抗疟组技术员和每个村的抗疟志愿者，走进莫埃利岛的每家每户，免费发放口服复方青蒿素到每一个人手上。

全民服用复方青蒿素取得了可喜的成绩。对于疟疾流行程度评价重要指标之一的人群带虫率，莫埃利岛从服药前的 23.3% 下降到 0.33%；而另一指标蚊媒感染率，则从服药后第四个月开始就一直维持在零。

这样的成绩，和抗疟团队的高超技术与当地民众的积极配合，都是分不开的。

在那段日子里，不断有当地居民加入抗疟团队，学习抗疟知识，并和抗疟团队一起挨家挨户发放口服复方青蒿素。队员们认真细致地向每一个村民解释服药的重要性和服药方法，确保做到全民服药。

"月亮岛的驱魔人"，这是当地群众对抗疟团队发自内心的称呼。

这样，即使在中方抗疟团队离开后，这个美丽的小岛也不会再受疟疾的侵袭。越来越多的人参加了抗疟团队组

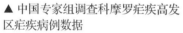
▲ 中国专家组调查科摩罗疟疾高发   ▲ 下乡采血调研疟疾数据
区疟疾病例数据

织的培训，学到了更多、更系统的抗疟知识。通过考核后，
他们就可以成为村级抗疟工作者。了解村内的抗疟情况和居
民们的服药情况并及时反映，成了他们光荣而艰巨的使命。

截至 2014 年，抗疟团队累计为当地培训了专业疟疾防
控人员 236 名，而村级抗疟工作人员则达到了 4000 余名。

来自月亮岛的援手

2008 年 4 月 25 日为首个世界防治疟疾日，当天科摩
罗组织了一场大规模集会。时任科摩罗副总统伊基利卢和
科摩罗抗疟中心主任巴卡发表了激动人心的演讲，向科摩
罗、向整个非洲、向全球自豪地宣布：经过中科双方工作

人员的努力，莫埃利岛已经控制了疟疾，在短时间内可以做到真正消灭疟疾。

眉荷娅是一名当地村级抗疟工作者。她和她的五个女儿站在台下，一同见证了这个历史性的时刻。她紧紧地握着小女儿的手，热泪盈眶。

一个月后，中国汶川发生特大地震，人员伤亡惨重。眉荷娅听说后，心痛不已。

尽管自己的日子过得捉襟见肘，但她仍毅然从微薄的工资中拿出 50 欧元（约折合人民币 600 元），通过中国驻科摩罗使馆捐给汶川，并将自己亲手写的一封信交给了中国驻科摩罗大使。

眉荷娅在信上说："我有五个女儿，如果你们需要，任何时候她们都可以担任志愿者，去支援中国灾区，哪怕

▼ 抗疟团队回访疟疾患者家庭

是去扛石块都行。中国人帮助了我们,使我们国家的人民免受疟疾之苦,我由衷地感谢你们!现在中国人民需要帮助,我应当伸出我的双手,尽我绵薄之力!"

眉荷娅后来说道:"我看到了一些照片,对灾区人民来说,和家人的生离死别,那是一种巨大的苦难。我妹妹在很小的时候就死于疟疾,而我小女儿得疟疾的时候,和我妹妹一样大。那时候我非常害怕,因为疟疾是夺人命的魔鬼。幸好,中国专家来了,治好了我小女儿的病。中国人没有让我和我的家人分开,我也要帮助中国人,让他们不要和家人分开。"

月亮岛的希望

中方援外专家团队先后200人次赴科摩罗工作,在帮助当地清除疟疾的同时,还完成了人口普查等繁杂工作。经过双方团队的不懈努力,莫埃利岛和昂儒昂岛已消除疟疾,大科摩罗岛实现了基本控制疟疾的目标。

时任科摩罗副总统穆哈吉为中国抗疟援外专家颁发了总统奖章,这也是该奖章首次颁发给外国专家。穆哈吉说,中国政府援科摩罗疟疾防治项目直接或间接为科摩罗节省了1100万美元开支,挽救了科摩罗人民的生命,同时也因疟疾的清除,带动了当地旅游业,提升了国民收入水平。

　　科摩罗疟疾防治的成功经验，得益于采用复方青蒿素全民服药，群防群治，灭疟求本，通过创新疟疾防治新策略，从个体治疗扩展到群体药物干预，从杀灭原虫无性体到清除配子体，逐步形成具有中国特色的疟疾防治方案。这也成为通过群体药物干预，帮助一个国家快速控制疟疾流行的典范！

　　现在，眉荷娅的大女儿和二女儿都成为当地的导游，带领游客参观莫埃利岛美丽的热带风光。眉荷娅则坐在树荫下，穿着舒适便捷的短衣，看着女儿们忙碌的身影，欣

▼ 2018 年 6 月，科摩罗昂儒昂岛清除疟疾项目成果在传染病国际顶尖杂志发表；2016 年 11 月，宋健平研究员受邀参与 WHO《恶性疟的全民服药（MDA）指南》编写工作，复方青蒿素治疗策略已经逐渐被 WHO 和非洲国家接受。

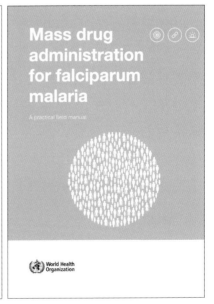

慰地摇起了手中的扇子。扇面上刺绣着大朵牡丹花，在海风的徐徐吹拂下，开得正鲜艳。

项目概况

中国政府援科摩罗疟疾防治项目由广州中医药大学与广东新南方集团联合组建的广东青蒿抗疟团队实施。经过长达两年的前期准备，2007 年 11 月在科摩罗莫埃利岛正式启动。

该项目获得时任科摩罗总统桑比和时任科摩罗副总统伊基利卢大力支持，他们带头服药，同时得到了世界卫生组织总部的支持，科摩罗政府建立和维持了有效的抗疟体系。

该项目先后于 2007 年、2012 年和 2013 年在莫埃利岛（3.7 万人）、昂儒昂岛（32 万人）及大科摩罗岛（40 万人）实施，超过 220 万人次参与。不仅有效遏制了当地疟疾流行，更在短期内实现了从高度疟疾流行区向低疟疾流行区的转变，圆满完成了科摩罗快速控制疟疾的任务。2014 年和 2015 年，莫埃利岛和昂儒昂岛先后清除了疟疾（无本岛感染病例）。

中科抗疟合作成为中科合作的亮点，其经验和做法备受世界瞩目，已在圣多美和普林西比、巴布亚新几内亚、肯尼亚、多哥和冈比亚等国推广实施。

龙江工业园
繁忙新城镇

作者：程青云

[越南] 王氏翠英

　　"下了汽车换摩托，坐完摩托再步行，几乎没有路，眼前是望不到边的菠萝地。"翁明照仍对12年前初次踏上这片土地时的景象记忆犹新。

　　时过境迁。

　　如今，在越南南部前江省那片望不到边的菠萝地上，车水马龙的公路边，越、中、英三种文字的"龙江工业园"巨型广告牌高高矗立，为有意投资的客商和赶去上班的工人指明方向。

　　一栋栋现代化厂房拔地而起，满载货物的集装箱卡车来来往往，这座占地600公顷的工业园一派繁忙。

▼ 龙江工业园入口

让当地人才留下来

　　园区项目团队在前期考察过程中发现，前江省属越南的农业大省，工业化程度不高，产业基础薄弱。园区方圆15公里范围内有80万劳动力人口，但前江省每年工业创造的就业岗位不足5000人，很多当地青年都出去找工作了。

　　在这里建园区，既可以创造就业岗位，又满足园区的人力需求，再合适不过了。怎么才能让更多的当地人才回来，再留下呢？

▼ 俯瞰越南龙江工业园

在开发之初，园区就制定出优先使用当地劳动力，经营运作本土化的策略。高水平的运作团队、紧紧依靠当地中高级管理层，在项目推进的过程中取得良好效果。

"从无足轻重，到有所成就。"龙江工业园行政人事部经理陈氏玉蓉如此概括自己与龙江共同成长的十年。

2008年，这位名校中文系的毕业生放弃了在南部经济中心胡志明市的工作机会，回乡加入尚在初创阶段的龙江工业园，并在这里一步步成长为经验丰富的管理者。

"我念书时当地中国企业很少，龙江还在起步，家里

▲ 龙江工业园今昔对比（右为现状）

担心我在这里没发展，但我信龙江的发展理念，留了下来。现在，我已经做到管理层了，还和家人开了家语言培训中心，事实证明我的选择是对的！"

不仅仅是陈氏玉蓉，龙江工业园让越来越多的当地人能够留在家乡工作、学习，与园区共同成长。

在优厚薪酬福利吸引下，当地很多农户从田间走进车间，成了有一技之长的熟练工人，邻县乃至周边省份的打工者也纷纷慕名而来。

园区在创造了更多就业岗位的同时，还通过培训提高劳动力素质，一些骨干员工还有机会被派往中国或其他国家进行职业技能培训，带动当地劳动力水平的全面提升。

娴熟专业的操作、整齐有序的生产线，在繁忙的车间里，越南员工黄氏小诗正在她负责的定子、转子岗位上认真工作。从胡志明市高校毕业后，小诗就来到龙江工业园内的方正电机（越南）有限责任公司（简称"方正电机"）工作。六年时间，她从刚出校门的学生，成长为现场主管，企业全方位的培训给她的职业生涯提供了重要帮助。

"刚来这里时，我就是一张白纸，都不知道如何与人打交道，更不用说管理别人了。"小诗介绍，公司提供的培训丰富多样，很多内容都是第一次接触。

小诗说："这里为我们提供了管理技能、质量认证等非常全面的培训，这样的培训对我们的成长非常有帮助。培训课上，老师还教我们如何根据不同员工的性格，采取人性化的管理措施，调动员工积极性，在提高工作效率的同时，快乐工作。"

如今，来自槟椥省的小诗已经在前江省安了家，准备在龙江工业园长期扎根，与园区共同发展。小诗一直强调，进入中国企业工作前主要看薪资待遇，工作久了，与企业产生了情感，是命运相牵的缘分使然。

让优质产品走出去

龙江工业园所在的前江省属于胡志明市经济圈，依托国际货运港，货物出口十分便利。之前，前江制造业发展相对薄弱，区位优势难以发挥。园区建成后，积极为当地带来先进技术和生产工艺，制造业发展越来越快，货物利用港口，通达全球。

园区内的方正电机是一家致力于研制开发、生产、销售微型特种电机的高新技术企业。公司主要生产电脑高速

▲ 方正电机生产线

自动平缝机及各类缝纫机马达、汽车马达，产品 45% 以上出口，远销欧美、中东、东南亚等 70 多个国家和地区。

依托技术和产品优势，目前，方正电机年产 350 万～400 万台缝纫机马达，在全球市场占有率达到 40% ～ 50%。方正电机的缝纫机马达在国际市场占据重要位置的同时，也让当地员工的收入显著增加。

方正电机当地的生产经理说："园区给我们提供了很多配套服务，在这里我们只要专注于生产就行了。"

为实现基本建成现代化工业化国家的目标，越南政府加大对高新、制造业企业的招商引资力度。龙江工业园积极为当地引进纺织轻工、机械制造、电子、建材包装等产业，

带动当地产业技术进步和管理水平的全面提升，有效推动经济社会快速发展，大幅增加当地经济产出。

在积极推动当地经济社会发展的同时，龙江工业园始终对入园企业进行高门槛筛选，致力于建设生态环保的园林式工业园。在做好各项环保措施的同时，园区专门邀请园艺设计师量身定制。目前，园区内种植的花果树苗超过两万多棵，已成为四季草绿花香的园林式环保生态园区。

让幸福生活扎下根

小任和阿玲是一对年轻的恩爱夫妻。

小任是个中国小伙，目前在龙江工业园区内的海亮铜业担任高管。阿玲是越南女孩，她和小任在工作中相知相爱，终于步入婚姻殿堂。

阿玲对中国老公非常满意，逢人便说自己好幸运找到一个勤劳、顾家、爱妻的老公。像小任和阿玲这样的跨国婚姻在园区内，并非孤例。据了解，目前至少有十对佳人组成美满家庭。

这样的趋势预计还会延续——由于龙江工业园项目的落地发展，当地掀起了一股学习中文和学习中国传统文化的热潮。

　　跨国婚姻的流行，或许也能从一个侧面证明，龙江工业园的中资企业已经在当地扎下根。更重要的是，要让当地百姓的富裕也扎下根。

　　园区主动为当地建桥修路，为居住在茅草屋里的贫困户家庭建情义屋，还为家境困难的学生发放奖学金。逢年过节，园区内企业还会走访慰问当地困难百姓，为他们送上现金和大米油盐等生活必需品。

▼ 园区内主干道景观

　　园区管理者还把国内较为流行的精准扶贫模式移植到了越南。

　　永峰公司是一家专门生产编织袋的企业，他们与当地残疾人、老年人签订产品订单，将原材料送到他们手中，产品编织完成后，企业进行回收，并支付计件工资。这种"点对点"的精准扶贫模式切实改善了当地贫困户的生活，得到当地政府的认可和表扬。

　　园区的付出和发展赢得了百姓的口碑。这些年来，园区获得各种沉甸甸的奖项不计其数：九龙江平原最佳品牌、出色完成经济任务贡献奖、社会慈善事业突出贡献奖、帮助橙剂受害者慈善奖等。它们共同见证了园区热衷公益、践行社会责任的非凡历程。

　　如今，越来越多的当地居民在龙江工业园周围开起餐馆和商铺。不少人家忙着增建新房，当年只见茅草屋的地方如今已俨然成了一座充满生机的城镇。

项目概况

越南龙江工业园是由浙江省前江投资管理有限责任公司投资开发的综合性工业园，项目总体规划面积为600公顷，其中包括工业区540公顷和住宅服务区60公顷，总投资额为1.5亿美元。目前已累计投入7000多万美元，包括园区土地平整、道路建设、给排水管网建设、污水处理站建设、供水站建设、供电系统建设、供气、绿化、标准厂房及临时码头建设等，满足了园区内各企业的正常运行。

截至2020年9月，龙江工业园540公顷工业区占地中，总开发面积超过480公顷，净工业土地出租面积约300公顷，共引入46家企业入园投资，入园企业总投资额12.8亿美元，2020年1—9月累计总产值27亿美元，雇佣当地员工2.33万人。

"中国制造"助力
彩虹之国

作者: 任飞帆

[南非]珍妮·怀特霍恩

在南非著名的经济之都约翰内斯堡，在家喻户晓的好望角所在地开普敦，在南非首都比勒陀利亚……十多个大中城市的机场道路和高速公路旁，都矗立着巨大醒目的"Hisense"广告牌；从大城市的超市到小镇上的连锁分店，甚至在偏远边境的小家电店铺里，海信电视都无处不在。

一个国外品牌如何做到进入当地主流市场，占据重要市场地位？还得从十几年前海信公司在南非投资建厂说起。

▼ 海信南非工厂外景

加入公司　重获希望

亚特兰蒂斯特别经济区位于西开普省开普敦市，是老牌工业区之一。20 世纪 90 年代初期的亚特兰蒂斯还相对封闭，工业区里的许多工厂存在技术严重滞后、产品销量不佳等问题，很多人没有稳定收入。

海信南非公司的前身是亚特兰蒂斯特别经济区内的一家老牌电视工厂，茱莉斯就是当年老工厂 200 多名员工之一。因为厂房、设备老旧，产品都落后于行业标准，老工厂于 2008 年倒闭，茱莉斯也失业了，在家里赋闲了五年。

对茱莉斯来说，那是一段最无助、最绝望的黑色时期。

"那时候，亚特兰蒂斯内一些工厂偶尔也招些临时工，但雇主们一般不会优先考虑我们这些失业女工。和我一样失去工作的 200 多人中，年轻人还可以离开这里去别的地方找工作；可对我们这些需要兼顾家庭的人来说，找到一份稳定的工作实在太难了。"回想起当年失业时的经历，茱莉斯神情暗淡，但很快她紧锁的眉头就舒展了，"幸好海信来了。"

"那是一个周四下午，以前的同事兴冲冲地来找我，让我也赶紧去投简历。她说我们工厂被另一家企业收购了，正在招工，要重新开始造电视啦！我当时还在心里犯嘀咕，到底是一家什么企业，怎么会在这里建厂？"茱莉斯笑着

回忆说："我投了简历，很快就有人通知我去面试。面试时，人事主管没有回避问题，直接和我聊了年龄问题，我也详细介绍了在老工厂的工作经历和掌握的技能。"

第二天，茉莉斯就收到了入职通知，才知道自己加入的是全球著名电视品牌海信的生产工厂。

茉莉斯之前工作的年代，电视生产线自动化程度较低，她掌握的技术在海信现代化的生产线前，严重落伍。茉莉斯很难迅速适应自动化程度和产出效率高的生产线，她的

▼ 茉莉斯和同事在工作中

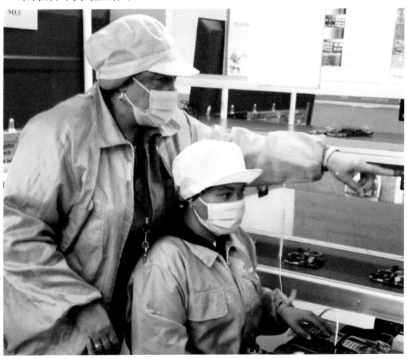

同事们也都面临这样的问题，所幸，海信为他们提供了从最基础的散件开始的系统培训。

培训第一天，大家发现，大部分员工都是本地人，讲的也是阿菲利加语（南非当地语言）。来自中国的技术工程师身体力行，亲自演示每个零件的组装方法，一对一指导。由于工序众多，工程师们经常在培训结束后，利用休息时间开小灶，一遍遍重复组装流程；还把重点难点编成操作指南发给大家。在工程师们的悉心指导下，茱莉斯逐渐掌握了线体合成工作的技巧，并迅速成为技术骨干，还能指导其他同事完成零件组装工作。

"在这里，我看到了海信对技术的精益求精，对员工的体贴友好。这是一家靠谱的公司，我希望更多的朋友加入海信，也希望公司能够顺利发展壮大。"茱莉斯提起海信就情不自禁竖起大拇指。七年间，她从一名操作员晋升为海信智能电视生产线班组长。对企业文化的认同，让茱莉斯自愿成为"海信招聘官"，利用自己本地人的身份优势，招来多位有电视生产经验的员工；她还负责手把手教学，培训了30余名当地手插线体工人，架起了当地居民与企业连接的桥梁。

如今，第一批入职海信南非工厂的员工，年薪已经是多年前的三倍，薪酬的增幅和增速都远高于其他同等规模制造企业，员工们的生活品质得到了极大改善。

彼此信任　共同成长

海信能够进入南非主流市场，离不开企业本土化运营的理念，通过核心管理和工作授权，更好地跨越文化和语言的差异，实现融合。在海信南非公司，当地员工占90%以上。

十几年前，刚刚入职的索利，是海信约翰内斯堡工厂的一名普通车间操作工，日常工作主要是围绕电视产品做一些基础性维修工作。随着海信南非业务的发展，约翰内斯堡工厂的整体条件已不能满足公司发展和市场需求，海信决定将工厂迁至比勒陀利亚郊区，离约翰内斯堡工厂车程近两个小时。

南非的公共交通并不发达，如果跟着公司到新工厂工作，对于住在约翰内斯堡的索利来说意味着更多辛苦和奔波。经过慎重考虑，索利毅然选择追随海信到比勒陀利亚。后来工厂又搬迁到开普敦，他又不远千里参与到开普敦新工厂的建设中。十年过去了，索利如今已是海信南非公司一名资深售后维修人员。

"在海信工作真的很快乐。无论是南非的节日还是中国的节日，我们公司里的所有人都一起庆祝，大家一起分享节日的故事，感受两国不同的文化内涵。"索利自豪地说。

"我听邻居说，他所在的外国企业只让当地员工做一

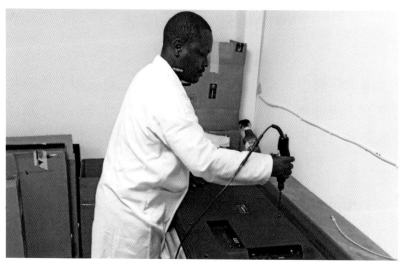

▲ 索利在维修产品

些最基础的工作，但我加入的海信完全不一样。"海信将
先进的生产制造技术带到南非，通过"传、帮、带"的方式，
培养了一大批当地的熟练技术工人，大幅提升了当地技术
水平；还让能力强的当地员工加入管理层，推进管理当地
化。"谁都不傻，企业是如何做的，员工心中都有数。海
信不仅给我们提供了工作岗位，更教会了我们现代化技术，
这正是我一直追随海信的原因。这样好的公司，当然值得
我们本地员工忠诚效力。"

在海信南非公司，像索利这样的员工很多，工龄四年
以上的老员工超过 60%。团队稳定，员工忠诚，是海信能
够一步一个脚印发展壮大的重要基础。2018 年起，海信电
视销售量、冰箱销售量和销售额均居南非第一位。

热心公益　深度融合

南非是海信扬帆出海的第一站，海信不仅给当地带来先进的家电制造技术，还通过各类培训和公益活动，积极融入当地、扎根当地。看到当地失业率高、待业青年多的情况，海信提供生产、维修、销售、售后等各种岗位培训，让千余名年轻人在海信或其他企业找到了工作，有了稳定的收入来源。

此外，海信常年捐助南非红十字儿童医院；每年在曼德拉日参与社区服务，坚持开展对南非当地孤儿院、儿童医院和敬老院等福利机构的援助活动；在当地贫困学校设立海信奖学金，帮助当地发展教育事业。

埃普沃思儿童村位于约翰内斯堡杰米斯顿地区，已有超过 100 年历史，是南非最早的儿童收养机构之一，现收

▼ 为埃普沃思儿童村的孩子们送去礼物

▲ 在当地市场展示的海信产品

养 50 余名孤儿及家庭条件较差的孩子。

在儿童村建成 100 周年时，海信南非公司与中国驻约翰内斯堡总领馆、中非发展基金及 30 名中国企业代表一起前往儿童村探望并捐赠物资。活动当天，蔚蓝的天空映衬着孩子们天真的笑脸，那笑容能融化世界上所有的坚冰。

2020 年，在南非新冠疫情暴发初期，海信南非公司就向南非帕阿尔麦迪医院儿科部捐赠了两台大型专业冰箱，用于存储儿童药品与食物，帮助患儿们渡过难关。海信还向约翰内斯堡最大的新冠病毒检测中心之一的夏洛特·马克塞克医院捐赠了价值 10 万兰特（约合 4 万元人民币）的

防疫物资以及电视、冰箱、微波炉等用品，大力支援当地的疫情防控工作。

经过多年的辛勤耕耘，海信已成为南非各地广受欢迎的品牌。据权威调研机构统计显示，2019年，海信电视销量占南非市场销售总量的26%，牢牢占据行业第一的位置，其中50英寸以上的高端电视销量增长迅速。

凭借功能齐全、配套完善的完整产业链，海信产品和服务辐射到南部非洲发展共同体十多个国家。不少非洲民众表示，他们是通过海信产品了解"中国制造"的。南非一中国友好协会会长曼尼·迪皮科表示，"一带一路"合作已成为非洲大陆经济发展的关键词，对南非和其他非洲国家而言都是重要机遇，非洲国家期待搭上与中国共同发展的快车。海信在南非的投资合作项目是中南两国全面战略伙伴关系和两国人民友好的重要成果，是中非互利合作、共同发展的真实写照和成功范例。

项目概况

海信南非总部位于开普敦,并在约翰内斯堡、德班设有分部,销售产品线包括电视机、冰箱、手机、空调、洗衣机、厨电、POS机、商用显示器等,覆盖南非5000多家门店,并出口到安哥拉、纳米比亚、莫桑比克、津巴布韦、马拉维、赞比亚、博茨瓦纳、留尼汪等十多个国家和地区。

2013年,海信集团和中非发展基金共同投资兴建位于西开普省开普敦市亚特兰蒂斯区的海信南非工业园。该工业园靠近N7国道,占地10万平方米,厂房面积为3万平方米。投产后,为当地创造700多个直接就业机会,间接创造配件、物流等配套行业4700多个就业机会。目前,海信的电视、冰箱等产品在南非市场都占据领先地位。

新丝路上的"钢铁驼队"

作者：胡一峰

[哈萨克斯坦] 朱蔑克诺娃·阿妮塔

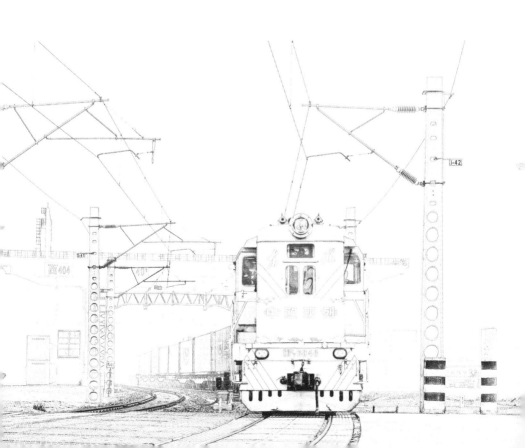

2017年1月18日，英国首都伦敦。连续多日的阴雨突然放晴，天空湛蓝一片。

正午1点整，巴金火车站响起阵阵鼓声，伴随着令人振奋的音乐，舞狮队伍开始了精彩表演。许多民众围聚在此，迎接一位特殊的"客人"，它就是从中国义乌开来的中欧班列。

英国广播公司全程直播了列车驶入巴金车站的过程，在线观看总人数达270万人。英国《国际商务时报》报道说："这条'现代版的古丝绸之路'必将引领东西方贸易关系进入一个新时代。"

▼ 行进中的中欧班列（图片为白俄国铁提供）

市场互补贸易通

早在西汉时，商客们的驼队就往返于欧亚大陆，走出了最早的丝绸之路。

今天，中欧班列续写了古丝绸之路的新篇章。自"一带一路"倡议提出以来，这支"钢铁驼队"穿越欧亚腹地主要区域，连接起中欧间近百个城市，形成贯通欧亚大陆的国际贸易大动脉，联通了亚太经济圈和欧洲经济圈。

▼ 中欧班列西安港

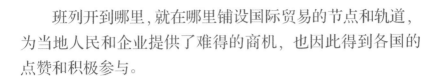

班列开到哪里，就在哪里铺设国际贸易的节点和轨道，为当地人民和企业提供了难得的商机，也因此得到各国的点赞和积极参与。

哈萨克斯坦姑娘阿妮塔是千千万万受惠于中欧班列的创业者之一。她丈夫元朝辉是中国人，小两口一起做中哈跨境电商生意。

一开始，由于哈萨克斯坦当地对中国服装、箱包等日用百货的需求较大，小两口的生意还不错。随着生意越做

越大，物流不畅的短板越来越明显。"传统物流方式速度
太慢了。我们以前开玩笑说，夏天买一条裙子，到货的时
候已经是秋天了。"阿妮塔说，"后来改用公路运输，虽
然快了些，但运输成本还是很高，载重7吨的汽车物流成
本最少3万元，而且通关手续很烦琐。"

2013年11月，中欧班列（西安）开通了。小两口感
到把生意做大的机会来啦！2015年，中欧班列（西安）进
入常态化运营，阿妮塔他们的公司也成了西安国际港务区
首家搭载跨境电商货物的企业。以前的物流难题，现在迎
刃而解：一个20吨的集装箱到阿拉木图，收费仅2.7万元，
时间也由1个月减至不到7天。

物流方式的升级，让小两口的跨境电商版图快速拓展
至欧亚多个国家。阿妮塔说："很幸运搭上了中欧班列的
顺风车，降低了我们的物流成本，运输时间也明显缩短了，
让我们的客户不必再翘首期待订购的商品，资金也能快速
回流和周转。中欧班列真是帮我们解决了大问题！"

2016年底，他们把线上运营平台改名为"丝路城"。
2017年，"丝路城"跨境电商平台出口额同比增长30倍。
风生水起的"丝路城"在阿拉木图、卡拉干达、莫斯科、
叶卡捷琳堡、新西伯利亚等五个城市建立了电商海外仓分
拣中心，进一步降低了物流成本，缩短了配送时间。阿妮
塔说："中欧班列上充满机遇。我们都是追梦者，也是圆
梦人。以后，中欧班列开到哪里，我们的'丝路城'就建

2014 年位于卡拉
干达市的第一家电
商代购店

2016 年 1 月第一个丝
路城海外仓阿拉木图
仓投入运营

2019 年 6 月第一家
海外本土电商平台
flip.kz 接入丝路城

到哪里。"

互通有无是中欧班列的初衷。不过,在班列开行初期,回程货源短缺一直是困扰中欧班列发展的难题。现在,"有去无回"的日子一去不复返。重庆资深车友张东订购的进口宝马轿车,搭乘回程班列抵达重庆,从订购到提车只用了不到 20 天。

2019 年,中欧班列(重庆)共往返 1507 次,运载进出口货物 13.3 万标箱。其中,进口整车已成为重庆回程班列的稳定货源之一,汽车零部件、母婴用品、食品、保健品等欧洲商品,也成为货单上的"常客"。

中欧班列(重庆)并非特例。从 2014 年中欧班列开通回程班列时的 28 列,到 2019 年回程的 872 列,增加了 31 倍,中欧班列基本实现去回程平衡。回程商品也从开行初期的机械设备、葡萄酒、汽车及配件等,逐步扩大到精密仪器、环保器材、高档服装、化妆品、鲜奶及奶制品等。

每年临近春节,中欧班列更扮演起"年货班列"的角色,西班牙的红酒、比利时的巧克力、荷兰的奶制品、俄罗斯的副食品等,这些"洋年货"进入中国寻常百姓家,让中国人的新年过得更加多姿多彩。

西班牙一家有着百年历史的红酒制造商负责人说,受益于中欧班列,近几年红酒销售渠道更广了,现在他几乎每个月都要往返两国好几次。马德里化妆品企业管理人员也

感叹道："中国市场的巨大潜力远超我想象，我在中国市场找到了未来公司发展的方向。"

顺畅"签证"政策通

横跨亚欧的中欧班列，行驶在各个国家中，需要换轨。更麻烦的是，还要更换运单，也就是铁路进入各国的"签证"。

"签证"是否顺畅直接制约着班列的运行。中欧班列需要遵守《国际铁路货物运输公约》（简称"国际货约"）和《国际铁路货物联运协定》（简称"国际货协"）两大国际铁路货物运输公约。前者主要成员国是欧洲国家，后者主要成员国为独联体国家，中国 1953 年加入国际货协。

中欧班列（重庆）进入欧洲时，会经过波兰的马拉舍维奇，班列到达这里之后要办理通关手续，才能继续开往欧洲。而从欧洲开回中国时，同样需要在欧洲的边境站再进行申报通关。

对于依托中欧班列做生意的企业来说，换单既耽误时间，也浪费了人力、物力，很大程度上影响了班列的运行时效。如果可以减少中途换单环节，提高通关效率和准点率，沿途换单哪怕节省几个小时，对中欧班列的时效提升也会发挥很大作用。

▲ 中欧班列（重庆）跨境电商 B2B 出口专列

中欧班列（重庆）部分货物首先尝试使用了国际货协／国际货约统一运单。通过使用汉、英、俄三种语言的国际货协／国际货约统一运单，减少了中途的换单作业环节，三种语言的表述将所有信息都直接体现在统一运单上，有效降低了客户成本和口岸停留时间。

统一运单也在其他班列得到了推广。在此基础上，中欧班列还推动贸易文件格式和贸易程序的标准化，建立统一的贸易平台和自动化通关体系，统一规则，减少通关程序。便利化措施使中欧班列不但能"通"，而且能"畅"，促进了国际铁路运邮单式的革新。

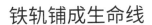

铁轨铺成生命线

2020 年春，一场突如其来的新冠肺炎疫情在全球多点暴发，很快在欧洲蔓延。欧洲多国宣布"封国""封城"。面对病毒这一人类的共同敌人，中国与各国一道，共同推进国际合作抗疫，展示了负责任大国的担当。

疫情期间，防疫物资短缺是欧洲各国面临的最主要问题之一，同时疫情又给国际物流行业特别是航空和海运业带来了较大冲击，全球主要经济体更加重视产业链、供应链的安全。英国知名物流媒体 The Loadstar 指出：铁路运输现在是把产品从中国运到欧洲的最明智方式。确实，与海运、空运相比，中欧班列稳定性更高，安全又环保，成为各国运输物资的优先选择。

3 月 21 日，全国首列"防疫物资班列"从中国义乌前往马德里，这趟班列上装载着义新欧公司捐赠给西班牙卫生部和中国驻西大使馆的 11.5 万个口罩及 766 套防护服。16 天后，班列顺利抵达马德里，受到了西班牙政府和马德里大区政府主席的高度赞扬。

以这趟班列为起点，截至 2020 年 7 月底，中欧班列累计发运国际合作防疫物资 497 万件、3.9 万吨，主要到达意大利、德国、西班牙、捷克、波兰、匈牙利、荷兰、立陶宛等国家，并以这些国家为节点再分送到更多欧洲国家。

▲ 中欧班列（义乌—布拉格）乔达专列

类似的情况也发生在匈牙利。4月7日，中欧班列（济南—布达佩斯）从中国济南发车，满载41个集装箱，由二连浩特出境，经蒙古、俄罗斯、乌克兰进入匈牙利，经过17天的旅程，到达布达佩斯。

这趟班列上既有电脑包、彩色铅笔、手提电钻和健身器材等贸易货物，也有汽车换热器、注塑模具、激光水平仪和塑料瓶等欧洲生产企业急需的复产物资。当然，最受关注的还是抗疫防护物资。

匈牙利创新与技术部国务秘书莫绍齐·拉斯洛参加了中欧班列（济南—布达佩斯）抵达仪式，他激动地说："面对病毒这一人类的共同敌人，中国用行动证明了自己是一

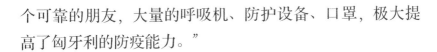

个可靠的朋友，大量的呼吸机、防护设备、口罩，极大提高了匈牙利的防疫能力。"

而就在中欧班列（济南－布达佩斯）抵达匈牙利当天，另一趟班列运载着医疗物资和工程设备，从浙江发往白俄罗斯明斯克，解决了中白工业园防疫和生产的燃眉之急。

中国铁路口岸与时间赛跑，提升报关效率，缩短中欧班列在口岸的停留时间，为国际合作抗击疫情争取了主动。中欧班列输送到欧洲大量防疫药品和物资，架起了保护生命的桥梁。确实，在全球疫情扩散，国际空运、海运受阻的情况下，中欧班列铺设了一条"健康丝路"，成为向欧洲国家运输防疫物资和生活物资的生命线。

中欧班列是满载着友谊和希望的火车，它把美好生活的种子播撒在欧亚大陆的文明沃土上，把人们的心联系在一起，开到哪里就受到那里国家和人民的热烈欢迎。

在西班牙久负盛名的弗拉明戈表演艺术家看来，中欧班列是文化的使者，播撒着精彩人生的希望种子。他说："人的一辈子可能都会遇到这么一列火车，你只有赶上，才能抓住一路向前的机会。中欧班列就是我必须要赶上的火车。"这充满诗意的语言，表达了人们对中欧班列由衷的感情，也昭示着中欧班列的意义已经超越了物质的层面，进入沿线国家人民的心中。

项目概况

中欧班列（CR Express）由中国国家铁路集团有限公司组织，按照固定车次、线路、班期和全程运行时刻开行，运行于中国与欧亚沿线国家间的集装箱铁路国际联运列车。中欧班列不仅为各国商品提供了一个新的通道选择，而且也提供了一种新的运输方式和产业集聚选择。

根据中欧班列的出入境口岸划分，中欧班列运行路线有西、中、东三条通道，主要有西安、重庆、成都、郑州、武汉、苏州、义乌等班列。2016年6月，中欧班列正式启用统一标识，以奔驰的列车和飘扬的丝绸为造型，代表稳重、诚信、包容、负责和实力的品牌形象。2019年，中欧班列运行质量大幅提升，全年开行8225列，发送72.5万标箱，分别同比增长29%和34%，综合重箱率达94%，联通了德国、波兰、捷克、法国、白俄罗斯、俄罗斯、荷兰、英国、意大利、西班牙、比利时、拉脱维亚、奥地利、匈牙利、芬兰、卢森堡等国家，国际知名度和影响力不断扩大。2020年1—7月，中欧班列共开行6354列、运送货物57.4万标箱，同比增长41%和46%。其中7月开行1232列、运送货物11.3万标箱，同比增长68%、73%，连续5个月刷新历史纪录。

智造美好生活

作者：张玉雯

[波兰] 弗雷德里克·兰金

在波兰大音乐家肖邦出生地附近，有一座中部城市日拉尔杜夫，距离首都华沙不过 50 公里，是一座典型的工业城市。

在这里，曾经有一家在 19 世纪居欧洲规模前几位的纺织工厂。工厂的运营一直维持到 20 世纪 90 年代，后来成为汤姆逊公司的一家工厂，生产电视机。到了 21 世纪，TCL 收购了汤姆逊彩电业务，该工厂也随之归入 TCL，成为 TCL 旗下最大的欧洲制造中心。

▼ 波兰大音乐家肖邦出生地

不止于"波兰制造"

　　走在自动化、智能化的工厂里，你几乎看不到中国人的面孔，数百人的工厂里中国员工不足十人。在众多的当地员工中，有一批是当时汤姆逊彩电工厂留下的老员工。这群平均工龄有 12 年的老员工早已把 TCL 当成了自己的家，稳定的工作、优厚的收入给他们带来了美好的生活。自收购以来 10 多年的时间，波兰工厂当地员工的离职率基本为零。

▲ TCL 波兰工厂俯瞰图

作为日拉尔杜夫最大的工厂，TCL 生产的电视机从 19 英寸到 75 英寸不等，年产量可达 380 万台，每年可为当地财政贡献税收 800 万至 1000 万美元。

消费者的需求是永无止境的。TCL 根据欧洲消费者对电视的个性化需求，着力攻克技术难关，打造产品硬实力，终于实现了让广大用户把电影院搬回家的夙愿，还成为首批符合电影 IMAX 公司标准的几家中国合作伙伴之一。

TCL 波兰工厂更充分利用物流优势给欧洲带去"波兰制造"。依托"一带一路"倡议实施以来飞速发展的中欧班列，

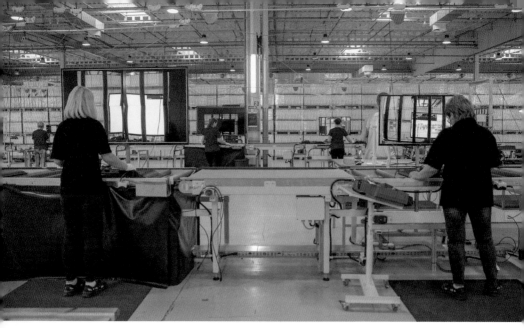

▲ 高效的现代化生产区域

TCL 波兰工厂直接对接成都工厂，实现供应链最优赋能。原先走海运通道，需要 38 天才能把产品零配件从中国运往波兰，现在搭上中欧班列，整个供应链时间一下缩短到 14 天。产品生产包装好后，工厂再次凭借波兰处于"欧洲十字路口"的区位优势，1 天就能送到法兰克福、巴黎，3 天内便可抵达大多数欧洲国家，即使到最远的葡萄牙也仅需 4 天，真正实现了"波兰制造，欧洲共享"。

实际上，TCL 给波兰带去的不仅是"波兰制造"的产品，更多的是 TCL 在工业制造上的生产管理经验、技术研发经验和人才培育经验。

TCL 波兰工厂对产品质量检测进行了创新，提升了产品质量把控效率，并引入了自动化包装机等国内创新手段，将中国的工业制造能力与本地化相结合，大幅提升了当地的工业化水平。

技术研发　互通有无

塞萨里是 TCL 欧洲研发中心的一名员工，在就职前，他与中国并无丝毫交集。现在，塞萨里的中国缘分可不浅。如果换作几年前的他，一定不敢相信这些都是真的。

研发中心距 TCL 波兰工厂约 50 公里。除了日常的研发任务外，研发中心还要为公司的长远发展提供技术储备，特别是在人工智能领域，包括计算机视觉、自然语言处理及大数据分析等。然而，科研与产业之间常常隔着一条大河，眼看着就在对岸，可是如果没有合适的桥梁或工具便无法顺利到岸。

为了填补产业应用认识的不足，时刻保持科研与产品的密切联系，欧洲研发中心定期派遣员工到中国学习交流。2019 年，塞萨里赴 TCL 宁波研发中心进行交流。三周的交流为他打开了一扇大门，一些难以理清头绪的问题也迎刃而解，受益匪浅。

在此之前，由于语言翻译、软件操作等差异，电子邮件远程交流收效甚微，宁波团队也难以即时提供技术支持。经过面对面的沟通、讨论，提出解决问题的方案，塞萨里发现日后碰到类似情况时，能够更加清晰地知道该如何独当一面地有效沟通，解决问题。

塞萨里在交流之余，常常不由自主地感叹："现在中

国的街上，汽车和人群川流不息，电子产品让人眼花缭乱，真是太令人刮目相看了！"回到波兰后，他更是把在宁波的所见所闻一一告诉他的同事们，希望他们以后有机会也要亲自去看看今天的中国。

人工智能是实现产业转型升级的关键技术，掌握人工智能技术意味着企业拥有面向未来产业竞争的核心技术能力。欧洲研发中心不仅仅是为企业服务，更是搭建了一个中国与中东欧观念、知识和技术交流的平台，在协同工作中，为当地培养高端技术人才。

不仅如此，欧洲研发中心还积极同华沙大学等当地高校开展产学研合作，让更多的波兰青年才俊最大化实现自我价值。为了奖励研发中心的贡献，波兰投资与贸易局授予其"波兰新技术投资"奖杯。

始终在热线的那头

要在欧洲市场保持竞争力，仅依靠拔尖的产品质量还是不够的。无论是经销商还是顾客，都更为看重全方位的优质服务。

2019年12月，TCL欧洲呼叫中心经过近八个月的筹备，在罗马尼亚首都布加勒斯特开业。这也是继 TCL 马尼拉呼叫中心后第二个海外呼叫中心。

欧洲呼叫中心目前有员工 120 多人，包括 90 多名客服人员、20 多名专业管理人员和 IT 支撑人员，服务覆盖了全欧洲，涉及 TCL 智能电视、智能手机、音响、空调、冰箱和小家电等多种产品，主要提供端到端的客户互动服务。座席客服通过电话为客户在线解答有关产品的各种问题，大大提升了企业对用户的响应速度。

2020 年 2 月底，新冠肺炎疫情在欧洲暴发并迅速扩散。为了防控疫情，欧洲多国接连出台封锁措施，罗马尼亚政府也于 3 月中旬发出全国紧急状态通知令，TCL 欧洲呼叫中心面临全面关张。

问题出现了。封锁措施下用户的生活依然要继续下去，如果他们在产品使用中出现问题，打电话却无应答，那他们该多焦急！

需要做出应急方案！

呼叫中心立即制订居家办公方案，开启了疫情防控和线上服务同步进行的新模式。

原本大家坐在办公室里，有固定的工作电脑，专业的技术员工，能有序、高效开展工作。一旦各自居家办公，这种非常依赖软硬件技术支持的工作如何能继续保持高效，IT 主管博格丹和网络工程师米哈伊为此伤透了脑筋。

由于情况紧急，他们在短短几天内迅速给出了技术处理方案，并在接下来的几天连轴工作：调配 80 名员工用的

手提电脑，调试 80 台电脑的系统和设备软件配置，同时还要对这些居家办公的员工们讲解一些系统操作的技术问题及解决办法。所有这些工作都落到博格丹和米哈伊的 IT 团队身上，工作压力和负荷有多大，不言而喻。

还好，总部给了他们全面支持，居家办公的软硬件条件都准备妥当了，欧洲呼叫中心开始提供疫情中的线上服务。

谈起 3 月时的突发状况，两人可打开了话匣子，有很多令人抓狂的事情。

员工们居家办公后，各种技术问题层出不穷：因为网络连接不佳，或网速不达标，经常出现数据包丢失、呼叫系统应用程序死机、售后服务系统收件箱收不到邮件等问题。可他们没被这些剪不断、理还乱的问题给难住，因为连线那一端的消费者随时需要售后服务解决碰到的问题，他们必须打起精神来。

博格丹还清晰地记得，有一次为了解决技术问题真是绞尽了脑汁。这是一位说波兰语的员工，因为路由器出了问题，不得不借助电脑远程访问来改变其路由器上的设置。当点击进入他的电脑后，博格丹和米哈伊两个罗马尼亚人相互对视了一眼，都傻眼了。全屏波兰语，看不懂任何一个符号，也很难弄清楚其对应的功能位置。博格丹只好硬着头皮找到在线指南，然后根据指南上的图片对着波兰同事的屏幕进行操作。问题虽然不大，却花费了大量时间和

▲ 疫情期间持续畅通的客户服务

耐心，不断地沟通和排查，最终顺利解决了问题。

疫情虽然来得很突然，对业务的开展也造成了一定影响，但是员工们并没有丝毫的懈怠。随着近期业务培训和居家工作经验的积累，呼叫中心的员工们效率依旧，在克服各种限制的情况下，顺利地解决了电话那一端的各种求助和麻烦。员工们在危机中不断成长，收获更强的业务能力，将 TCL 守土有责的职业形象带给了当地的同行和用户们。

距离 TCL 初访欧洲已经过去 30 多年了。如今，在世界影响力最大的消费类电子产品展——德国柏林消费类电子展上，TCL 巨大的展厅简约而闪亮，摆放在展厅内的各式电子产品高端而耀眼。这些代表着国际先进水准的产品不仅斩获了业界多项奖项，更是引来了无数消费者的关注与喜爱。

这一切都是靠着一步一个脚印的努力拼搏而来，是梦想的阳光照进了现实的新世界。

项目概况

TCL 波兰工厂位于波兰日拉尔杜夫，占地 10.5 万平方米，建筑面积 3.5 万平方米，共开通六条电视生产线。TCL 给波兰、欧洲不仅带来"波兰制造"、经营经验，更是在产业链上发挥了大企业的责任担当，大大助推了当地工业水平的大幅提升。

TCL 欧洲研发中心于 2018 年 9 月在波兰华沙揭牌成立。研发中心聚焦图像处理相关人工智能技术研究，30 多名工程师全部来自波兰当地，是在"一带一路"倡议下中欧观念、知识和技术交流的又一个实践。

TCL 欧洲呼叫中心于 2019 年 12 月在罗马尼亚首都布加勒斯特开业，标志着 TCL 海外服务体系的进一步升级完善。呼叫中心为消费者提供端到端的客户互动服务，包括呼叫中心热线服务、邮件服务、在线多媒体服务。

一个渔港小城的
"逆袭"之路

作者：张玉雯

[秘鲁] 何洁仪

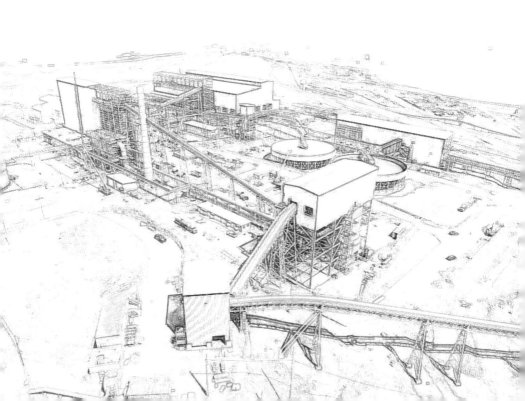

　　亿万年来，一望无垠的纳斯卡沙漠在太平洋的惊涛骇浪中冲击成一道俊俏的海岸线，经济活跃、现代气息浓郁的秘鲁小城马尔科纳就坐落在这条海岸线上，仿佛海市蜃楼般瑰丽。

　　曾经的小渔港经历了怎样的洗礼，变成一座繁忙的现代城市，这与20多年前入驻的一家中国企业密切相关。

▼ 马尔科纳市中心广场

铁矿厂起死回生

很长一段时间，马尔科纳都只是一个简陋的小渔港，百十来户渔民在大海与荒漠的夹缝中艰难求生。孰知这个小渔港正处在安第斯造山带中北段西翼，属于环太平洋多金属矿业带，脚下蕴藏着丰富的铁矿资源，是个未开发的"聚宝盆"。

1953 年，北美一家矿业公司开始在这里投资开采铁矿，20 多年后秘鲁政府将铁矿收归国有。20 世纪 90 年代，铁矿负债累累，濒临倒闭，而马尔科纳的居民大多是铁矿公司员工，他们的生活面临严峻考验。

秘鲁政府为了发展经济、促进就业，决定通过国际招标公开拍卖铁矿公司。来自中国的首钢总公司中标，收购了秘鲁铁矿公司，成立了首钢秘鲁铁矿股份有限公司（简称"首钢秘铁"）。

从那之后，这个小渔港开始了"逆袭"之路。

工程师何塞·赛巴尤斯已经在这个铁矿工作了 40 年，每天早晨，他上班第一件事，就是开车到采坑转转。站在巨大的矿坑前，赛巴尤斯指着正在紧张工作的挖掘机感慨道："真是难以相信，眼前这些新型的挖掘机、钻机和矿车属于我们。"

赛巴尤斯回忆起收购前的日子，那时候铁矿可谓是山穷水尽，几乎所有的大型设备都年久失修。整个采矿场只有六辆矿车作业，一条生产线运行。矿山负债超过 4000 万美元，整个生产难以为继。"现在好了，我们每天有几十台大型设备在连续运行，采矿生产规模扩大一倍多，真是今非昔比啊！"

为了扩大产能，有效利用资源，提高企业竞争力，首钢秘铁从 2007 年就开始酝酿老区改造和新区发展规划。经过各方共同努力和高效率建设，改造项目于 2013 年完成，扩建项目也于 2018 年顺利竣工。

时任秘鲁能矿部部长伊斯莫德斯在竣工仪式上转达了秘鲁总统比斯卡拉先生的祝贺，表示总统在国情咨文中专门赞扬了这个项目。扩建项目投产后，首钢秘铁总产品年

▼ 2018 年 7 月竣工的新选矿厂

生产能力超过 2000 万吨，精矿产品年生产能力达到 1800
万吨，产品附加值提高，公司盈利和抗风险能力显著提升。

从小渔港到经济引擎

卡洛斯·佩雷斯是首钢秘铁退休的老员工，在他的相
册里有两张照片，一张是 20 世纪 90 年代初马尔科纳市区
的老照片，一张是如今马尔科纳新建市政厅大楼的新照片。
老照片里，马尔科纳市区到处是低矮的房屋，空旷无人。
那时候，铁矿公司濒临倒闭，大批工人被分批裁员，生计
困顿，经济上严重依赖铁矿公司的马尔科纳市也陷入了困
境，许多人不得不到其他城市谋求生计。

后来，首钢来了，铁矿有救了，当地员工的收入提高了，
员工还可以免费享用住房、水电等多种服务。许多当地居

 ▼ 20 世纪 90 年代初的马尔科纳　　 ▼ 新建的马尔科纳市政厅大楼

民都以自己的子女毕业后能进入首钢秘铁工作为傲，成为"首钢秘铁人"在当地已成为炙手可热的职业选择，佩雷斯的两个孙子大学毕业后都在首钢秘铁工作。

2014年，随着首钢秘铁扩建项目的建设，现场施工人员高峰时有将近4000人，为当地带来巨大商机，周边城市的人也都被吸引过来，旅馆、饭店、商店、理发店……马尔科纳的商业空前繁荣起来。

佩雷斯先生的大儿子也放弃了在省城伊卡经营多年的生意，回到马尔科纳开了一家旅馆。现在，这里成了马尔科纳床位最多、生意最红火的旅馆，旅馆顶楼的餐厅儿乎每天都是顾客盈门。佩雷斯先生经常来餐厅给儿子帮忙，他感慨道："原以为退休后可以享清福了，没想到现在还得帮孩子打理生意。过去，很多同事和邻居的孩子都去大城市找工作，现在很多人却从利马、阿雷基帕、库斯科等大城市来到我们这儿找工作或做生意，变化实在太大了。"

他又指着新照片，微笑着说，"从前可没有畅通的柏油路，海滩附近全是泥巴。现在，镇里绝大部分道路都铺成了柏油路，还一直通到海边，家家户户都有了淡水，通了电。在我们伊卡大区，没有哪个市政大楼会这么漂亮。"

随着公司的稳步发展，首钢秘铁早就成为伊卡大区纳税大户，市政捐助也不断增加。政府有了税收，城市面貌得到极大修复和改观。今天的马尔科纳已成为经济繁荣、

自然景色优美的滨海小城。

漫步在马尔科纳小城，随处可见首钢秘铁的印记。多年来，首钢秘铁坚持资助教育、医疗、扶贫等项目，为当地学校更新设备、维修校舍，向医疗机构捐献救护车及医疗设备，扶持手工业和农业等。首钢秘铁深知授人以鱼不如授人以渔，为促进当地发展，还为当地居民免费开办了木工、泥瓦匠、电焊工、化妆师、理发师等多种职业技能培训项目，资助当地居民建设了陶瓷制造厂，帮助当地人培养一技之长，早日发家致富。

现在，首钢秘铁捐赠的警用、消防、救护、洒水、垃圾等服务车辆每日在矿区所在的伊卡大区、纳斯卡省和马

▼ 首钢秘铁捐赠马尔科纳市政的清洁车

尔科纳市穿梭忙碌。首钢秘铁的支持帮助在悄无声息中改变着城镇的面貌，推动着所在地区的经济和社会发展。

近年来，得益于首钢秘铁的发展，马尔科纳地区先后吸引了首信秘鲁矿业公司、马尔科纳铜矿公司、中融新大金兆秘鲁公司等众多矿业公司前来投资，为首钢秘铁服务的中国交建、首钢矿建、中信重工等一批著名企业也在马尔科纳开设营地。马尔科纳从当年的小渔港摇身一变，成为秘鲁南部的矿业重镇。凭借天然的深水港湾、得天独厚的优越位置、完善的基础设施，秘鲁政府将马尔科纳规划为两洋公路和两洋铁路南部的出海口，规划了石化工业区，目标是将马尔科纳建设成带动秘鲁中南部经济发展的"发动机"。

一个充满活力的"经济引擎"正在向我们走来。

走可持续发展的绿色之路

众所周知，矿业生产易产生污染，首钢秘铁自经营之初就十分关注环保问题，投资几千万美元建设了尾矿库和生活污水处理厂，结束了 50 多年来马尔科纳地区生产生活污水和尾矿直接排入大海的历史，极大改善了马尔科纳铁矿周边的生态环境。

沿圣胡安海湾向北行驶 10 多分钟，可以看到首钢秘铁

▲ 首钢秘铁建设的污水处理厂

投资 300 万美元建设的污水处理厂矗立在海岸线上。工程师路易斯·蒙赫指着一台设备说："这是秘鲁唯一的一台紫外线消毒器，是首钢从加拿大进口的。污水经过几级沉淀、过滤，再经由紫外线消毒，就完全达标，可以排入大海。"

建设尾矿库堆存尾矿而不是直排入海，有利于减轻对海洋的污染，若能变废为宝，不仅可以实现资源的充分高效利用，还可以进一步提升环保水平。为此，首钢秘铁与中信白银集团合资成立首信秘鲁矿业公司，建设了尾矿综合回收利用项目，利用首钢秘铁铁矿生产过程中产生的甩尾矿作为原料，回收其中的铜、锌、铁等有价金属。该项目是秘鲁第一个尾矿综合利用项目，在项目投产仪式上，时任秘鲁能矿部部长卡耶塔娜女士称赞"该项目是秘鲁矿业行业综合回收尾矿资源的一个典范"。

在项目建设初期就进入团队的工程师胡安·查韦斯如今已经晋升为安全环保部的副经理了，他每天都要去生产现场走走看看，了解生产和厂区环境情况。谈到在尾矿处理厂的工作，查韦斯无限自豪："这是秘鲁第一个对尾矿进行综合回收利用的项目，也是秘鲁和中国在'一带一路'倡议合作下给我们国家带来的新技术和新项目，不仅让我们的矿产资源得到更加充分利用，同时也为我们创造了更多的就业机会和税收，员工生活更富裕、更美好。我和同事们都为能在这样负责任的公司里工作感到骄傲。"

首钢秘铁的南北两端紧邻圣胡安国家自然保护区和圣费尔南多国家自然保护区，保护区内栖息着种类多样、数目众多的海豹、企鹅和各种鸟类，呈现出生机勃勃的景象。

▼ 马尔科纳圣胡安国家自然保护区

在这里可以深切地感受到人与自然的和谐共存，也印证了首钢秘铁矿业生产的环保、可持续，不会对当地自然生态产生负面影响。

蜂鸟是世界上最小的鸟类，但它小小的身体却蕴含着巨大的能量，首钢秘铁的标志主体就是秘鲁纳斯卡线条绘就的蜂鸟图案。冥冥之中，秘鲁与首钢就这样密切相连，相信在未来，秘鲁与首钢会碰撞出更多火花，积蓄更大能量，继续造福当地百姓，为中秘互利共赢合作做出新的贡献。

项目概况

首钢秘鲁铁矿股份有限公司是首钢总公司对外投资项目，首钢总公司中标收购秘鲁铁矿公司后，投入巨额资金更新生产设备、设施，使濒临倒闭的铁矿迅速恢复了生产。按照秘鲁统计局公布的数据，2018年秘鲁平均月工资约2500索尔，首钢秘铁当地员工的月工资超过5000索尔。

随着生产和经营的好转，首钢秘铁成为利税大户，截至2018年累计向秘鲁政府纳税15.3亿美元，当地采购额14亿美元，创造了4500多个直接、间接就业岗位。

沙漠"银虹"

作者：杨舜

　　[埃及]阿迪尔·穆罕默德·阿卜杜勒阿齐兹

"我们村以前经常停电，有时饭做到一半就突然没电了，非常不方便。现在修了这些大铁塔后，帮我们解决了大问题。"埃及吉萨省的一位村民感叹道。

"刚来这里开店的时候，没想到用电会紧张，特别是夏天高峰期的时候，空调、冰箱、抽油烟机、烤箱……几个电器如果同时使用，就会跳闸。现在好了，电力稳定，所有电器都开动也不会停电了，我这店的生意也好做多了。"这是附近一家中餐馆老板万先生的肺腑之言。

埃及 GDP 和发电总量均位居北非地区第一位，但落后的电力基础设施难以稳定供应生产和生活用电，是当地人民的一块心病，也是埃及吸引外资的主要阻碍。

2014 年，埃及总统塞西到访中国时表示，埃及在能源和基础设施建设等领域拥有着广阔的投资前景，希望更多

▼ 埃及沙漠中矗立的输电铁塔

中国企业赴埃投资。时任埃及电力和可再生能源部部长谢克尔也指出，在解决能源问题方面，埃及不仅仅要扩展发电站的规模，还要增强电力供应和输电网络。2016 年，随着埃及国家电网升级改造 EETC500 千伏输电线路工程项目启动，埃及电力短缺的历史终于得以改写。

四年光阴，弹指一挥间。如今，铁塔高耸，"银虹"飞驰，已成为埃及这块古老大地上亮丽的风景线。

尼罗河上的跨越

项目埃及业主负责人亚细亚最初有不少顾虑："我们以前比较担心中国公司的能力和效率，但是施工开始后，我们逐渐打消了疑虑。他们能力强，工作质量高。"

在项目启动之初，像他这样心存疑虑的埃及人不在少数。

这也不足为怪。500 千伏输电线路项目，需要在埃及尼罗河三角洲及以南地区，新建 1210 公里同塔双回交流线路，光主干线路就有 15 条，是埃及有史以来规模最大的输电线路工程。

中国国家电网团队进驻后，很快以实际行动赢得了埃及同行的信任。从前期设计到实地施工，双方同心协力，脚踏实地，书写了一段段精诚合作、交流互鉴的佳话。

▲ 埃及尼罗河畔的输电铁塔

最有代表性和说服力的是 8 号输电线施工区段的建设。

该段建设从规划之初就被认为是项目难点之一。尤其是两座跨尼罗河铁塔，河面跨度 600 余米，全高 174.8 米，比"埃及骄傲"——胡夫金字塔还高 30 余米，是施工重点和难点。

面对工期紧张、施工难度大等压力，项目部精心组织施工专题会，与当地员工一起研究、制订了详细的施工方案，最终确定采取落地旋转双摇臂包杆的新型组塔施工工艺方案。仅耗时一个月，就圆满完成了两座跨河铁塔的组立施工。

如今，这两座巍峨耸立的铁塔已成为尼罗河畔的新景观和新地标。

▲ 守得云开见日出

项目建设充分展示了中国电力企业的技能和毅力，三年时间，他们克服地形、气候等带来的种种困难；在挥汗如雨中迎来第一缕阳光，在一身疲惫里送走最后一抹晚霞。更可贵的是，项目也为当地培养了大批经验丰富的管理人员和施工人员。为了提升国内输电能力，培育本地输电技术人才，埃及输电公司还安排数十名来自各区域的优秀工程师到中国接受系统培训。

在双方精诚合作和共同努力下，这片古老土地和这个联合团队都实现了完美蜕变。从电力短缺到电力输送能力提升，再到国家电网整体网架结构安全性增强；从刚开始完全由中国人员施工，到中国人员带着埃及人员施工，直到最后将部分工序完全交给埃及人员施工。每一点改变，都给这片古老土地带来更多生机；每一次进步，都让这个团队获得更多成长。

时任埃及电力与可再生能源部部长谢克尔曾感慨道："中国企业在埃及留下了工程，更留下了中国经验和精通技术的当地人。"

毛驴上的友谊

降雨，曾是项目建设者遇到的一大难题。由于没有成型的排水系统，亚历山大地区的雨季显得更加潮湿而漫长，

频繁降雨、地面湿滑，给施工带来诸多不便。

绑筋支模的基础施工阶段就正好赶上雨季。眼看着就要到完工的节点了，可进场的土路被雨水浸泡后，泥泞不堪，没法过车。稀软的泥浆路干透才能通车，最乐观的估计也要四五天。为了保障施工进度，建设者们决定：人力搬运物料。

工人们手提肩扛各种建材，淌着泥浆，穿梭在进场口和绑筋现场之间。附近的村民虽然看不懂这些工人为啥在泥里运物料，但看着他们的辛苦和执着，主动伸出援手。

那多吉就是其中之一。

这天，他刚结束了个短工，赋闲在家，就看见穿着蓝制服橙马甲的工人们一次次路过自家门口，被汗水浸透的工作服粘在身上。"我可以帮帮他们。"那多吉想。

家里没有汽车，汽车在湿滑的路上也开不了，那多吉就和弟弟套上自家的毛驴车，一步三滑地来到进场口。当得知这两位赶着驴车的小伙子是自愿过来帮忙时，项目组成员既意外又惊喜，毕竟驴车拉一趟可比人背一天有效率得多。

"尽量把那些重的、形状不规则的材料，放到我们车上。"那多吉对弟弟说，"这样，他们就可以背那些轻一些的，不用那么辛苦。"

直到驴车实在放不下了，那多吉才检查好绑绳，由弟弟在前面赶驴，他自己在车后边推车。路上，毛驴经常滑个趔趄，车也跟着左摇右摆。弟弟赶紧安抚自家毛驴，那多吉则使出浑身力气，不让驴车侧翻。"哥，咱家的驴还真没拉过这么重的东西，走这么难走的路。"弟弟说。"是啊，它可是大功臣，一会儿我要好好犒劳犒劳它。"那多吉笑着说。

两人一驴深一脚浅一脚地在泥浆路上，一趟一趟地"蚂蚁搬家"和"泥路探险"。其他村民看到哥俩帮着赶车卸货，也纷纷加入运输接力的队伍，泥浆路上更加热闹，也更加繁忙起来。几趟走下来，大家鞋底上都拖带着好几斤重的烂泥，但谁都没有怨言，还会开玩笑地比谁鞋底更干净清爽，可以传授经验和指点路线。

▼ 那多吉在推装着建材的驴车

就这样，在越来越熟络的气氛里，在所有人的相互配合下，施工建材提前顺利卸完，缩短了工期。

驴车上的"运输队"，雨季中的"外援团"，成了项目团队难以忘怀的温馨故事。多年后，这些场景仍深深地印在中国建设者们的心中。这正是三年多施工时间里，中埃人民团结友善、真诚以待的缩影。如今，经济发展了，那多吉找到了稳定的工作，生活也大大改善了。

是师徒，更是哈比比

"哈比比"在阿拉伯语中是好朋友的意思。三年多的建设，见证了许多埃中哈比比的成长。

▼ 项目组施工现场

哈立德是输电线路项目上的一名年轻埃及员工，大学毕业后加入项目团队。从最初采买食材和办公用品的后勤服务到后来的测量和基础施工协调，独当一面，哈立德和中国员工一起，任劳任怨，同甘共苦。在朝夕相处中，哈立德学会了一些汉语，他最喜欢说的一句话是："和中国人一起工作，让我不断成长"。

和哈立德一样，阿迪达刚到工地时，除了一身力气和勤快之外，对项目施工一窍不通。但中国师傅们并没有因为语言不通和零基础就放任不管，而是手把手地教他基础施工方面的技术操作，抹面、钢筋绑扎、支模、振捣……每一道工序，师傅们都不厌其烦地示范、讲解。阿迪达也反复练习，不懂就问，现在已经成为一名技术娴熟的多面手。

当上带班班长后，其他埃及工人都很羡慕阿迪达的手艺和高工资，而他总是很诚恳地告诉工人们："我现在能挣更多的钱，是因为我的中国师傅们毫无保留地教会了我真正的技术。你们也可以随时请教，师傅们会非常热心地指导和示范，直到你们学会为止。只要多思考，多练习，很快大家也能像我一样，既能学会一技之长，又能赚到更高的工资了。"

哈立德、阿迪达……这样的哈比比在项目部中还有许多，他们不仅促进了项目任务的完成，也借此改变了自己的人生，为中埃友谊增加了新的注脚。

从斋月到春节

　　一轮明月从东方徐徐升起，月光把整个夜空映成淡蓝色，大地如同白昼一般，起伏连绵的沙丘上生长的骆驼草都清晰可见。沙漠的远处，有几处基础施工现场灯火通明，像几个巨人举着偌大火把，在闪烁的火光下寻找什么……

　　这是一位项目组成员描写的 2016 年埃及斋月"沙漠之夜"的美妙情景。

　　斋月期间，穆斯林信徒们在太阳升起之后到落山之前不能饮食饮水。项目组组长李志远带领着大家凌晨三四点开工，直到太阳升起；再从傍晚七八点开始，直到深夜。既尊重当地人的习俗，又让大家劳逸结合，还能保障施工如期进行。工作之余，大家一起促膝而坐，享用丰盛的晚餐，欣赏沙漠之夜。李志远从埃及工程师们那里，听到了很多当地穆斯林的习俗和贝多因民族的传说。

　　多年后，李志远仍对那样的沙漠夜色记忆犹新。工地灯火映衬着漫天星光，流淌的夜风和精彩的故事里，两个文明古国的人民，似乎从未像那些夜晚，心贴得如此之近。

　　埃及有斋月，中国有春节。

　　项目施工期间，每年春节，项目部都会将驻地好好布置一番，邀请埃及员工和留守的中国员工一起过年，享受团圆欢聚的佳节气氛，也让当地人感受中国的传统文化。

▲ 春节，我们在一起

　　沙哈拉刚进项目部的时候，性格内向，难以融入集体。当年春节，中国员工教沙哈拉和其他埃及员工贴春联、贴福字，拉近了彼此间的距离，也让沙哈拉慢慢爱上了这个大家庭。在后来的交往中，随着彼此了解的加深，沙哈拉知道项目部的成员们热情、淳朴，对自己也格外照顾，总是在自己需要帮助的时候伸出援手。随着技术的提升、关系的拉近，沙哈拉越来越自信，越来越开朗。

　　如今，沙哈拉已成为中埃双方的"融合剂"。工程推进过程中，对于征地、用地，当地村民难免有不理解的时候，沙哈拉总是耐心沟通解释，让村民明白施工建设是为了让当地的经济发展得更好、居民的生活更加美好。他用阿拉伯语编辑并打印出通俗易懂的文字材料，每到一地就发放给当地的村民。

这就是文化的力量。项目建设从来都不是简单的工程建设，它是两个伟大文明的交融和互鉴，并在交融互鉴中碰撞出出人意料的美丽火花。

放眼远眺，尼罗河水奔腾不息，一座座高大雄伟的输电塔巍然屹立，一根根银线在郁郁葱葱的绿洲映衬下临风而舞。相近的发展诉求，相似的发展使命，相融的发展利益，埃及输电项目架起埃及电力传输公司与中国企业共同发展的友谊之桥，必将载入中埃友好合作的史册。

项目概况

500千伏主干网升级改造项目是埃及目前规模最大的输电线路工程。该项目由中国国家电网有限公司承建，并由其所属中国电力技术装备有限公司以工程总承包模式负责项目勘测设计、设备供应和施工建设。项目建成后，大幅提升尼罗河三角洲地区燃气电站电力输出能力，全面增强埃及国家电网整体网架结构的安全性，对促进当地电力能源合理利用具有重大意义。

项目为当地带来显著经济效益的同时，推动埃及乃至中东地区电源、电工装备、原材料等上下游产业发展；为埃及当地创造约7000个就业岗位，实现中埃双方互利互惠、合作共赢。

老油田旁的新生活

作者：任飞帆

[墨西哥] 洪明·安东尼奥

墨西哥是一片充满魔幻色彩的土地，悠久的历史沉淀在玛雅、阿兹特克等古老文明遗址中；广阔的领土从布满仙人掌的沙漠穿过丛林，直抵碧海蓝天。墨西哥素有"浮在油海上的国家"之美誉，油气是其最重要的矿产资源。

作为墨西哥石油工业摇篮，位于塔毛利帕斯州、圣路易斯波多西州和维拉克鲁斯州交界处的埃巴诺油田发现了墨西哥第一口油井——和平1井。但开采了100多年的油田似乎并没有给它周边的社区带来根本变化，人们仍然过着放牧、捕鱼的生活。

为了提升产油量，带动周边发展，墨西哥国家石油公司推出了第一个油田综合服务项目——埃巴诺-帕努科-卡卡

▼ 埃巴诺油田储油罐

莱劳油田综合服务项目。中国石化集团国际石油工程公司与墨西哥 DIAVAZ 集团共同出资，成立的 DS 石油服务有限公司（简称"DS 公司"）一举中标，主要负责地质研究、钻修井服务、采油和地面工程四个板块的工作。根据项目可持续发展部分的要求，公司要实施社区和环境支持计划，改善居民生活质量，老油田旁的居民们开始了新的生活。

制衣带来新机会

新米却肯镇是维拉克鲁斯州最北端的一个小镇，距埃巴诺油田 20 公里，小镇周边密密麻麻遍布着油井。"我们这里油井很多，很多井从我爷爷懂事起就在那里了，可这些油井一直以来也没给我们带来什么。"露皮塔是小镇的一名普通妇女，她介绍道，"我们这里没什么其他的工作机会，还是过着靠天吃饭的日子，除了放牧就是捕鱼。"

然而这一切都似乎有了新的转机。

"新米却肯镇自立女性服装制造工作坊创立啦！"小镇上的妇女们听说后个个都很兴奋，相约着去报名，似乎整个小镇都活跃了起来。这个制衣坊是 DS 公司项目可持续发展部分重点工作之一。

露皮塔和朋友们也都想成为其中一分子，幸运的是，她最终通过努力，真的成为项目第一批受益女工中的一员。

露皮塔很兴奋，制衣坊还在建设时，就经常来施工现场看进度。

现在，制衣坊里，全新的缝纫机发出"哒哒哒"的机械声，针杆飞速地上下运动，大家都埋头认真地将手里光滑的布料变成一件件漂亮的成衣。"真的非常感谢 DS 公司给我们的宝贵工作机会，这里太棒了！我学会了很多制衣技术，有老师亲自指导我们。我们只需要专心工作，其他什么也不用愁。"

露皮塔和制衣坊的同伴们脸上专注而自信，生活的车轮也仿佛快速运转起来。她们对现在的工作十分满意，制衣坊不仅提供了全套设备，还有专人负责销售，大家只需要每天安心工作，就有不错的收入。

如今，大家对镇外油井的开采有了新的认识，"没有石油开采，我们就不会拥有现在的生活。"自立女性服装制造工作坊项目为当地人带来实惠，不仅帮助她们自食其力、增长技能，也收获了当地民众对油田开发的支持和对中国企业的认可。

阳光下的"城市菜园"

乔皮村是维拉克鲁斯州与塔毛利帕斯州交界处一个并不起眼的小村子，它傍着塔马西河，发展农业优势明显。

不过，这一优势并未被当地人开发，放牧才是当地人长久以来的生活习惯。居民们大多在家里简单种植一些蔬菜，种类很有限，营养也比较单一。如果想吃其他蔬菜，就需要去镇上采购，交通不便，成本也高。

针对这种情况，DS 公司决定开展"温室可持续种植计划"（当地人俗称"城市菜园"），以乔皮村在内的四个村庄为示范点，建立蔬菜种植基地，同时满足本地和周边城市的需求。

对于村庄的居民们来说，接受这一新事物无疑是一个颇有难度的挑战，他们几乎没有蔬菜种植的传统和经验，技术更无从谈起，对这个"空降项目"能否长期坚持下去抱怀疑态度。

面对大家的犹豫不决，项目组请来了经验丰富的农业种植技术人员定期进行技术指导。如何选取蔬菜品种，如何培育幼苗，如何监测和管理作物等专业问题，都有专家手把手耐心指导。

付出很快得到了回报。在专家和学员的共同努力下，第一批种植蔬菜一上市就卖了个好价钱，参与的居民原本月均收入 4000 比索左右（约合 1200 元人民币），一下子就增加了近 1500 比索（约合 430 元人民币）。一时间，"种菜能赚钱"成了村头巷尾热议的话题，好日子就要来了！

第二批蔬菜培育时，当地居民争先恐后地加入，种植

▲ 当地人的城市菜园

队伍和规模都在不断扩大。如今，种植基地已经拥有大棚、种苗培育室、农作物分析室等一系列设施，形成了完备的农业种植体系。

亚历山德拉是当地一名家庭主妇，过去十几年日复一日在家照看孩子、做家务，顺带喂家里那几头牲畜。虽然从早到晚从无停歇，但总觉得日子少了点什么。"城市菜园"项目启动后，她发现自己开启了一种新的生活。

谈起现在每天都在打交道的绿色生活，亚历山德拉马上变得滔滔不绝："没想到在技术人员帮助下，我竟然可以种出这么多种蔬菜！而且一年四季都有收成，还能卖到

其他地方,我从没想过可以通过自己的双手养家!"亚历山德拉微笑着向我们展示刚刚收获的蔬菜,脸上洋溢着骄傲和自豪的神情。

不仅如此,年轻一代也纷纷加入种植队伍中。DS 公司在新米却肯镇建立了农业技术学校,为青年人的技能培养和就业提供了有效保障,亚历山德拉的小儿子也在这所学校就读。打拼了大半辈子的父母们,看着孩子们不断成长,有了积极的目标,有了实现目标的知识和技术,最后过上更好的生活,感到无比的欣慰。

到现在,"城市菜园"项目参与人数已经超过 2000 人,成果更惠及了 5000 多人。DS 公司的惠民行动,让人们见证了互惠互利、共同进步,也让他们相信,"付出劳动来收获美好人生",不再是一句漂亮的口号。

体育馆成了地标

盛夏的傍晚,天气渐凉,正是出门运动的好时候。年轻人在简陋的篮球场上,你来我往,激烈争抢,然而天边阵阵乌云已然压来了。

"我们明天再约时间打吧?"

"明天也还会下雨吧?"

"也是，真麻烦，马上要比赛了，没球场练习。"

学生们还来不及说完话，雨点已经落下来，接着瞬间变大，球场上马上空无一人。

埃巴诺油区有四万余人口，但并没有大型活动场馆，很多集体活动只能露天举行。这里降水多、雨季长，这么多年过去，大家越来越觉得，如果有一座室内场馆，无论雨季如何漫长，社交生活能够依然如晴天那样灿烂该多好。

2015 年，DS 公司投入 56 万美元，建了一所多功能体育馆。在这座高层建筑很少的镇上，如此宏大而现代的体育场馆俨然成了最亮眼的风景线。

巴勃罗是埃巴诺镇的一位青年，也是多功能体育馆建设项目当地的工作人员。聊起这一项目，巴勃罗很激动，"体育馆是我们共同携手建起来的一件作品，大家共同见证它的诞生、成长和竣工，当然值得我们骄傲，这也是我为家乡贡献的一份力量！"

随着体育馆投入使用，人们愈发觉得这一地标建筑成了镇里居民生活中不可或缺的一部分。学生们经常来进行篮球、排球训练，学校召开毕业典礼、庆祝传统节日，当地歌星举办演唱会，都在这里举行，为小镇生活增添了诸多亮眼的色彩。

从 2013 年到 2016 年，DS 公司的惠民项目从未停歇：

▲ DS 公司为当地社区援建的多功能体育馆

新建或修缮了 6 座公园、6 个运动场所，新建了 1 所医院、2 个水塔，援建了 15 所学校……同时，DS 公司还着力解决道路交通问题，为多个地区修缮公路，极大增强了当地农副产品的运输能力和竞争力，为当地居民的幸福生活助力增辉。

据统计，四年来，该项可持续发展计划惠及当地45000 多名居民，受到当地政府、居民以及墨西哥国家石油公司的由衷赞扬与感谢。当然，这些令人激动的故事并

没有结束，还在墨西哥的土壤上不断发生、不断延展，希望能让越来越多的当地民众过上更加欣欣向荣的生活。

墨西哥与中国同为文明古国，纵使我们说着不同的语言，流传着不同的文化与习俗，但两国之间的距离却因与日俱增的友好合作而不再遥远。只要中墨两国人民同舟共济，属于我们的梦想终将成真。

项目概况

埃巴诺—帕努科—卡卡莱劳油田综合服务项目由中国石化集团国际石油工程有限公司与墨西哥 DIAVAZ 集团共同出资成立的 DS 石油服务有限公司作为总承包商。

项目的成功实施不仅让中墨合资企业收获了良好的经济效益，也为墨西哥国家石油公司和当地社会创造了巨大的社会效益。中国企业充分回馈当地，为周边社区创造了社会价值，受到墨西哥国家石油公司、当地政府和居民的赞扬和感谢，建立了良好的社区关系，为项目的长远发展奠定了良好基础。

搭乘广交会巨轮
扬帆远航

作者：路捷、高玮、联文

[印度尼西亚] 朱志伟

创办于1957年春天的中国进出口商品交易会(简称"广交会"),是中国历史最长、规模最大、商品种类最全、到会采购商最多且来源最广、成交效果最好、信誉最佳的综合性国际贸易盛会。63年来,历经风雨的广交会被誉为中国外贸的晴雨表和风向标,是中国对外开放的窗口、缩影和标志。

这是一个永不落幕的大舞台,这是连接各国贸易的重要桥梁纽带,见证了来自世界各地企业的成长足迹,数不清的梦想在这里扬帆远航。

▼ 第126届广交会现场人潮如织

历久弥新广交情

广交会创办之初，新中国的对外贸易刚刚起步，百废待兴。当时国家建设急需的大量物资、设备，如橡胶、化肥、钢材、机械等，甚至沥青都要从国外进口，但进口所需的外汇却很匮乏。外界对中国不了解，中国也亟须熟悉海外市场。

1957年春，中国举办了第一届广交会，向世界打开了一扇窗。来自19个国家和地区的1200多名采购商参会，成交金额1700多万美元，为当年全国现汇创收发挥了重要作用。

黎巴嫩家族企业奥马法黑尔公司同样创立于1957年，63年来一直与广交会携手相伴，见证彼此的成长。

创始人老奥马·法黑尔，对毛泽东主席充满崇敬。他认为，阿拉伯人和中国人是兄弟，几个世纪以来，得益于古老的丝绸之路，中阿人民早已命运与共，利益交融，应该本着双赢的精神相互支持，相互合作，共同发展。

怀着这样的心情，公司刚刚成立，法黑尔就不远万里来到中国，参加了首届广交会，并于1959年12月9日，与中国当时唯一的五金进出口公司——中国五金进口公司（1965年更名为中国五金矿产进出口总公司，简称"五矿公司"）敲定了第一笔生意：采购15吨铁丝，价值10万英镑。

半个多世纪以来，他们之间的生意从最初的铁丝，扩大到如今的螺丝、钢丝和铁丝网罩等更多门类。

20世纪六七十年代，阿卜杜拉接过父亲老奥马·法黑尔的衣钵，延续着父亲迈向中国的商业足迹。

"那时全中国只有十几家进出口公司，而且经营每种品类商品的公司只有一家。当时的中国工人每月平均工资只有10到30美元，五矿公司的总经理甚至会因为能买到三辆自行车而兴奋不已。"回忆起半个多世纪前的往事，阿卜杜拉依然能思路清晰地娓娓道来。

20世纪80年代，黎巴嫩正逢内战，五矿公司及时去函表示慰问，并在黎巴嫩贸易环境十分险恶的环境下继续同法黑尔家族开展合作。

投我以桃，报之以李。阿卜杜拉写信给五矿公司："无论什么战乱，哪怕公司只剩下一个人，我们也会照样履行合同。"正是这种讲诚信、重友情的品德，使得60多年来法黑尔家族和五矿公司的合作从未间断，历久弥新。

谈及广交会，阿卜杜拉总是有无限感慨："是广交会让我结缘中国，在这里我结识了亲如兄弟般的朋友，见证了中国发生的巨大变化，也让我们的家族企业得到长远发展，这一切都不可思议。"他至今还保留着很多珍贵的凭证，这些微微泛黄的照片，无声地承载着法黑尔家族与广交会和中国穿越时光的情谊。照片易老，但感情却永不褪色。

▲ 1959 年法黑尔和中国五金进口公司上海分公司的第一笔订单票据

▲ 阿卜杜拉保存的 1978 年第 43 届春交会请帖和白云宾馆的住宿发票

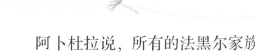

阿卜杜拉说，所有的法黑尔家族成员都像热爱自己的国家一样深深地热爱着中国，他们有信心与中国兄弟之间的友好合作关系不断发展，直到永远。

共担风雨　共同成长

1996 年秋天，祖籍广东的印度尼西亚华商黄一君慕名来到广州，参加有着"中国第一展"美誉的广交会，从此便与中国结下了不解之缘。

1997 年，亚洲金融风暴席卷东南亚。黑云压境，暗潮汹涌。作为当时的亚洲四小虎之一，印度尼西亚股市大跌，印尼盾与美元的汇率足足跌了四倍，企业纷纷倒闭，成千上万工人失业，市场上焦虑恐慌的情绪迅速蔓延。黄一君创办的长友集团也深陷危机漩涡，供应链断裂，快撑不下去了。

在生死存亡的危急时刻，黄一君想到了广交会。当时正值第 82 届广交会举办在即，他迅速组织公司精兵强将报名参加。广交会现场人气旺盛，并未受到金融风暴的影响，长友集团的买手们欣喜地看到数万家优质中国企业，以及数不清的优质中国产品。

凭借在广交会上结识的可靠合作伙伴，长友集团的货源稳定，产品质量过硬，性价比高，得以平稳度过危机。后来，黄一君曾在多个场合感慨："是广交会帮长友集团

渡过了难关！"

印度尼西亚是世界上最大的群岛国家，全境由 17508 个岛屿组成，号称"千岛之国"。由于海洋的阻隔，在边远岛屿上生活的居民交通较为不便，生存环境相对落后，农业灌溉、生产以及日常生活用水用电都成问题。

在印度尼西亚出生长大的黄一君对当地百姓的生存环境非常熟悉，他想尽自己的力量帮助当地人改善生活条件，同时扩大长友集团的市场范围。在广交会上，长友集团的买手发现了一些符合海岛生活需求的机电产品。通过广泛接触与实地考察，最终他们选定了江浙地区的参展企业作为抽水泵和小型发电机的供应商。

这些产品体积小、功率大、性能好，最重要的是价格合理、携带方便，很好地解决了当地人用水用电的老大难问题。用上了中国制造的抽水泵，当地居民喜笑颜开地说："现在遇到干旱季节，再也不用担心庄稼没有水灌溉了，收成也有了保障。"

过去当地电力不足，用电高峰时经常停电。如今，村子里的小朋友也会相互比较，看看谁家买了从中国进口的发电机。因为有了发电机，再也不怕突然停电，家里的风扇随时都能动起来。

从广交会上采购的日用消费品和机电产品适销对路，打开了一片新市场，助力长友集团不断发展壮大。如今，在首

▲ 长友集团采购人员在广交会贫困地区特色产品展区采购

都雅加达，甚至在整个印度尼西亚，黄一君创办的品牌连锁超市随处可见，成长为在印度尼西亚全国 27 个主要城市拥有 300 多家卖场、员工超过 25000 人的商业帝国。每天数以万计的商品从这里流通中转，走进千家万户的日常生活。

更便宜的眼镜　更清晰的未来

当肯尼亚商人菲利普·孟瑶第一次在当地报纸上看到"广交会"时，他还只是经营着一家很小的眼镜店，货物主要从当地仅有的几个外国批发商手中采购。由于渠道有限、货物种类单一，采购成本居高不下，导致眼镜销售价格高，销量一直不理想。店铺每天不温不火的营业额，让他伤透了脑筋。

还有一点，菲利普也很无奈。经常有当地学生走进他的眼镜店，却在看到价格后望而却步，那些失落的小眼神，始终揪着菲利普的心。他想把价格定得低一些，可小店也得经营下去呀。

2010 年，菲利普作为肯尼亚采购商代表团的一员，来到了广交会。在出发前，他并不是胸有成竹的。除了参加展会的兴奋之外，他也不可避免地存在担忧和疑虑。

幸运的是，踏入广交会的一小步，成为菲利普事业发展的一大步。

在那届广交会上，各式各样的眼镜产品让他眼花缭乱，询问了心仪款式的价格后，更让他心情澎湃。他发现，小店有救了。很快，他就确定了可靠的供应商。

回到肯尼亚后，凭借着极富竞争力的产品和稳定的货源，菲利普眼镜店的生意迅速扩张。短短几年，他在肯尼亚开了六家连锁店，经营范围也从简单的成品销售扩大到半成品加工和批发业务，雇用员工近百人，在实现自身发展的同时，还为当地创造了就业，增加了税收。

愉快的商业合作使菲利普与广交会结下了不解之缘，之后，他多次到中国参加广交会。他经常自豪地说，他代理的中国眼镜打破了肯尼亚眼镜行业的垄断，通过竞争使

当地眼镜销售价格大幅下降，现在，更多的肯尼亚学生能够配得起眼镜了。学生们能够更清晰地阅读和书写，为肯尼亚描绘更美好的未来。

广交云上新体验

2020 年春，新冠肺炎疫情席卷全球，各国多数展会被迫取消或延期。历经 63 年风雨从未间断的广交会，同样面临艰难的选择。

当面洽谈、看样成交是广交会的历史传统。但举办实体展意味着大规模人员聚集，存在疫情传播风险。既要能洽谈，又要能看到样品，广交会的主办方将目光锁定在了"线上"。

线上交易对于中国百姓不仅不陌生，还相当熟悉。但要将这么大规模的国际贸易展会整体搬到线上，在国内外并无先例，需要的软硬件条件也相当复杂。

近年来，广交会一直在推进智慧广交会建设。这一次为了应对新冠疫情，及时将展会搬到线上，各方更是加班加点，线上展会条件成熟了！

贸五洲而利天下的广交会首次搬上"云端"，第 127 届广交会确定在线上举办！

当 2 万余家参展企业与来自世界各地的采购商们由面

对面沟通变为屏对屏互动，当"老广交"们历久弥坚的信任碰撞新模式不期而遇的惊喜，又会发生哪些奇妙的"化学反应"？

"快上广交会官网'云洽谈'！"第127届广交会开展以来，每天都有境外采购商注册观展。

在与广州相距8000多公里的肯尼亚，赛马泰克公司的文森特·萨米亚·穆鲁巴一早就坐在办公桌前轻点鼠标，在广交会主页搜索浏览。

免除了跨境差旅的奔波和成本，没有时差困扰，可以依照日常作息观展洽谈，还第一次观看了企业的直播推介，这一全新体验让文森特觉得既新奇又有趣。

以往参加广交会实体展，文森特重点关注的电子电气、汽车产品、计算机及通信产品等都在第一期展示。要在五天展期内完成多个门类展区的逛展和洽谈，很难再有时间去挖掘进口展的商机。而现在，文森特有更多时间参观各个展区，通过直播更直观地了解产品细节，甚至"云"参观工厂。不仅如此，文森特还通过广交会跨境电商专区链接到中国知名跨境电商平台，结识了更多中国企业。没有了高昂的差旅成本，还能看更多的展区，文森特双手为广交会点赞。

作为已经参加25届广交会的"老粉丝"，埃及家电龙头企业新家电也深入体验了云端广交会的新优势。

▲ 中国进出口商品交易会展馆

　　新家电公司成立于 1987 年，在全球拥有多达 1.5 亿客户。自第一次携品牌及产品亮相第 103 届广交会进口展起，新家电就将广交会作为其全球营销和推广的最重要平台，至今已连续参展 25 届，从未间断。

　　当得知第 127 届广交会将首次在网上举办，新家电公司便予以积极响应。海外出口总监哈立德·拉姆齐表示："在当前全球疫情背景下，广交会将展览搬到网上是一项创举。世界变得非常近，一切都可以通过点点手指实现。距离、语言、时区、交通成本都在逐渐消失。"

　　首次整体搬上云端的广交会，成为全球贸易的新亮点，通过网络打破空间界限，为参展企业搭建了一个高效、快捷的交流渠道，帮助境外企业借力广交会，以新姿态走向全球市场。

驼铃相闻，舟楫相望。从印度尼西亚到黎巴嫩，再到远在非洲的肯尼亚，沿着绵延万千公里的陆上和海上丝绸之路，各国文明远行并拥抱。

广交会，仿佛一艘海上航行的巨轮，搭载着来自遥远国度的商旅们携手前行、畅通贸易、互利共赢，也承载着各国人民加深友谊、携手发展、增进福祉的共同梦想。

项目概况

中国进出口商品交易会，简称"广交会"，创办于1957 年 4 月，每年春秋两季在广州举办，由商务部和广东省人民政府联合主办，中国对外贸易中心承办。

截至第 126 届，广交会累计出口成交额超 1.4 万亿美元，累计到会境外采购商约 899 万人，每届广交会展览规模达 118.5 万平方米，境内外参展企业约 2.5 万家，210 多个国家和地区的约 20 万名境外采购商与会。

2020 年 6 月 15－24 日，第 127 届广交会在线上举办，近 2.6 万家境内外企业参展，来自 217 个国家和地区的境外采购商注册观展，采购商来源地分布创历史纪录。

守望相助的好兄弟

作者：宋冉

[埃塞俄比亚] 米泽·格布热希沃特

"在生活中是没有旁观者的。"

这是在素有"非洲屋脊"之称的埃塞俄比亚广泛流传的谚语。意思是生活中，每个人都有自己的责任和义务，所有人之间又存在某种必然的关联，没有人可以置身事外、独善其身。这句民谚的内涵与人类命运共同体的真谛有着异曲同工之妙，也在此次全球抗击新冠肺炎疫情的合作中得到了集中体现。

共克时艰情谊深

2020 年 2 月，在中国抗击新冠肺炎疫情的艰难时刻，埃塞俄比亚总理阿比两次致信中国国家主席习近平表达慰问，在非洲领导人中，他率先与习近平主席通话。阿比表示："中国是埃塞俄比亚的亲密朋友和兄弟，在我们有需要时，中国从未缺席。如今中国遇到困难，埃塞俄比亚人民将同中国人民站在一起，同舟共济。"

在中国出现新冠肺炎疫情后，为防止中国国内病例输入埃塞俄比亚，中国驻埃塞俄比亚相关机构和企业迅速实行严格的人员往来报备制度，自觉实施来埃塞俄比亚人员居家隔离 14 天制度，并请中国疾控专家指导商会、企业做好居家隔离工作，为埃塞俄比亚控制外来输入型病例发挥了积极作用。

3月13日，埃塞俄比亚卫生部宣布确诊首例新冠肺炎病例，随后，政府出台了入境隔离和强制核酸检测、限制集会等政策。通过实施上述政策，在初期较好地控制了疫情境外输入和本土传播速度。

疫情在埃塞俄比亚暴发后，中国第一时间派出了医疗专家组赴埃塞俄比亚协助抗疫，这也是中国派往非洲的首个抗疫医疗专家组。此外，还邀请埃塞俄比亚参加各类抗疫视频交流会十余场。在中非对口医院合作机制下，推动埃塞俄比亚三家医疗机构与中国的医疗机构对口合作，重点加强抗疫技术交流与合作。

▼ 中国援埃塞俄比亚抗疫医疗专家组抵达亚的斯亚贝巴国际机场

上述行动得到了埃塞俄比亚政府和社会各界的盛赞，阿比总理为此特别向习近平主席致谢。6月，阿比总理全程出席中非团结抗疫特别峰会，坚定支持中国携手抗击疫情的倡议。

随着埃塞俄比亚疫情逐步扩散，中国不断加大对埃塞俄比亚抗疫援助力度。中国政府先后向埃塞俄比亚提供3批抗疫物资援助，7个省市自治区、50余家企业和慈善机构积极参与，共筹措逾4000万元人民币的抗疫物资。一些在埃塞俄比亚的中资企业在短时间内从国内进口设备和原材料，积极在埃塞俄比亚筹建口罩、消毒水和检测试剂生产线，缓解了当地抗疫物资短缺的困境，充分彰显出两国人民的深情厚谊。

共同抗疫暖人心

作为全面战略合作伙伴，中埃两国政府在疫情出现后，相互声援、并肩战斗，树起国际抗疫合作新标杆。中埃两国人民面对肆虐的病毒，彼此信任、携手同行，结下团结抗疫的深情厚谊。

"我们工厂去年10月16日才正式投产，很多员工都还在努力适应新的工作环境和工艺技术。虽然忙碌，但是有中国师傅耐心的教导，我们都收获很多，相处得也非常

▲ 工作中的姬发

愉快。没想到会遇上新冠肺炎疫情，而且发展得这么快。"
无锡一棉埃塞俄比亚工厂（简称"一棉"）纺纱车间助理
姬发回想起年初刚遭遇疫情时的状况，就打开了话匣子。

一棉是无锡一棉与香港长江制衣集团在埃塞俄比亚投
资建设的纺织工厂，主要与国际一线品牌合作，生产配套
高档色织、针织、家纺产品，带动下游产业的共同发展。
项目一期 10 万纱锭项目于 2018 年 6 月开工，经过 400 多
天建设后投入运营。

"我师傅是中国江苏人，他春节都没回家过年，和我

们一起赶制产品。师傅家乡发现确诊病例时，我知道他其实很担心。"说起自己的中国师傅，姬发眼里满是敬重和关心。"好在我们及时完成了订单，师傅的家人也都健康平安。"姬发笑着补充。

2020 年 3 月，埃塞俄比亚出现首例确诊病例后，一棉第一时间成立了疫情防控领导小组，制订了防疫预案，配合埃塞俄比亚政府部门全力做好工厂疫情防控。

工厂设置了隔离区域，安排专人测量体温，同时为每位员工配发口罩。一棉按照国内防疫做法进行管控，严格坚持"监测体温、洗手、喷洒消毒、分餐吃饭，做好出入登记"的防疫工作流程。此外，一棉还采购了 10 万个医用外科口罩及 100 把额温计捐赠给埃塞俄比亚政府部门。

一棉的疫情防控措施得到了当地政府部门的认可："你们考虑得非常周全，相信在中国抗疫成功经验的指导下，我们也能战胜疫情！"

"疫情防控升级后，政府要求大巴车实载不能超过50%，有的员工只能徒步两个多小时上下班，厂里就专门为住得远的同事提供免费住宿和爱心餐。当市面上买不到口罩、酒精等防疫物品的时候，厂里设法给我们配备了足够的口罩、酒精。"姬发动情地说。

随着埃塞俄比亚确诊病例的不断增加，当地采取了更为严格的疫情防控措施。工厂对员工进行了核酸检测，对一些出现疑似情况的员工进行了有效隔离。同时，为保障大家在疫情期间的生活质量，尽管工厂因疫情停产，仍然给员工发放工资补贴。

"一棉是个有人情味，真正爱护我们员工的工厂。"这是一棉所有人的共识。

"管理层关心我们每一个人。"米泽回忆当初领导发现她情绪波动，亲切地跟她聊天谈心，带着她走出恐慌和不安的经历，充满感激。

米泽曾在中国留学学习纺织，通晓汉语、英语、埃塞俄比亚当地阿姆哈拉语等多种语言以及纺织专业知识，是一棉的得力干将。但毕竟刚参加工作不久，生活阅历有限，遇到突如其来的疫情和订单减少的压力，米泽感到失落和不安，总是无精打采的。细心的领导察觉了她的变化，把

▼ 雨后的十万锭主车间

疫情的发展形势、危害以及公司的对策讲给她听。一颗颗定心丸让她稳定了情绪，重拾笑容。

疫情防控是一场阻击战，也是一场心理战。一棉在有序组织生产的同时，全力以赴做好防疫抗疫工作，筑起守护员工身体与心理健康的坚固防线。

让彼此的侨民得到最好的照顾

当新冠肺炎疫情在中国湖北武汉肆虐时，数百名埃塞俄比亚留学生因封城滞留。习近平主席在与阿比总理通话时郑重表示，中方会像保护自己的孩子一样，全力为埃塞俄比亚等各国在华留学生提供保障。

言必信，行必果。截至2020年9月，所有在华的埃塞俄比亚留学生，无一人感染疫情，更无一人因疫情出现生活困难。

大卫就是滞留武汉的埃塞俄比亚留学生之一，在武汉大学学习工商管理。武汉封城期间，他用手机记录在学校里的生活和所见所闻。盛开的樱花、丰盛的餐点、热情的宿管阿姨、同学们的视频问候、逐渐重现生机和活力的城市……照片、视频、文字……大卫在微信朋友圈、微博里分享着他真实的生活和感受，让远在万里之外的父母放心，让中国以外的国家看到和了解疫情下最真实的武汉、最诚挚的中国。

在中国的另一座城市——广州，埃塞俄比亚侨民也得到了良好的照顾。埃塞俄比亚驻广州总领事泰菲力·麦莱斯·德斯塔介绍说："虽然与其他非洲国家相比，在广州的埃塞俄比亚人并不算多。但他们在广州工作学习，来往于广州和亚的斯亚贝巴之间，为羊城和非洲架起友好交往的桥梁。"

疫情期间，当地政府非常重视包括埃塞俄比亚侨民在内的各国侨民的安置和疏导。"埃塞俄比亚人在广州生活

▼ 在武汉的埃塞俄比亚学生发出的慰问信

Dear Chinese Family:
We are with you in our prayers！！！
This is just a test that great China will evolve
even greater and prosperous！
We Ethiopian's in Wuhan believe in China and Wuhan！
Go Wuhan！ Go China！ Refueling！！！！！
Ethiopia-China， we have a lot in common！
We struggle for people！
We setback challenge with patriotic people！
We defeat enemy like no other！
We strive for prosperity as brave as a lion！
We believe in you we believe in Wuhan！
You are our family， Wuhan our second home！
Go Wuhan！ Go China！ Refueling！！！！！

亲爱的中国家人：
我们为你们祈祷！！！
经历此次考验，
伟大的中国定将更加繁荣强大！
武汉全体埃塞俄比亚侨民对武汉充满信心，
对中国充满信心！
武汉加油！中国加油！
埃塞俄比亚人和中国人有很多共通之处：
我们一心为民不懈奋斗！
我们胸怀祖国攻坚克难！
我们冲锋陷阵英勇无比！
勇如猛狮砥砺前行，只为国家繁荣富强！
我们对你们充满信心！
我们对武汉充满信心！
你们是我们的家人，武汉是我们的第二故乡
武汉加油！中国加油

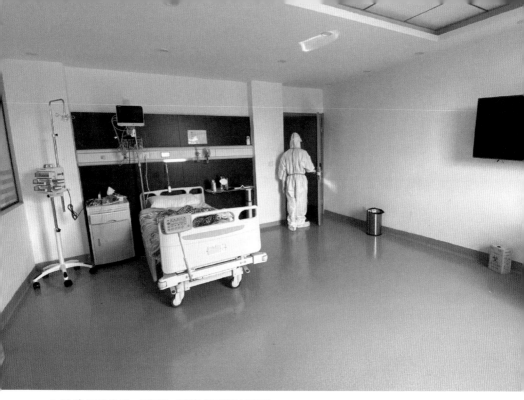

▲ 改造后的丝路（爱菲）医院负压隔离病房

得非常愉快，即使是疫情期间也依然如此。"在这位外交官看来，埃中两国悠久的合作历程和深厚友谊是两国共同抗疫、共同发展的历史渊源和情感基础。"我们都觉得此时在中国，是非常幸运的事情。中国和非洲是真正的朋友，一定能共同战胜疫情。"泰菲力对此充满信心。

在埃塞俄比亚出现首例确诊病例后，针对当地医疗资源相对不足，且定点救治医院十分有限的实际情况，两国政府经过充分协商，把丝路（爱菲）医院改造成埃塞俄比亚最好的新冠肺炎定点救治医院。中埃两国还积极推进中医药合作，尝试引入中药治疗当地新冠肺炎患者。目前，有逾百名中国公民在埃塞俄比亚确诊，基本上都因及时救治而康复。

共同守护生命线

  随着疫情全球蔓延，非洲各国相继中断国际航线。阿比总理顶住国内外巨大压力，力排众议坚持不停飞中国航线，不限制两国正常贸易和人员往来。埃塞俄比亚航空一度成为连接非洲与中国的唯一直航线路，承担中国及世界各国对埃塞俄比亚等非洲国家抗疫物资转运和人员往来的重任。

  为维护这条中非卫生健康共同体的生命线，中埃两国政府和企业携手相助，为中非团结抗疫做出了重要贡献。

▼ 埃塞俄比亚航空转运中国援非洲的抗疫物资

　　一些滞留在当地和其他非洲国家的中国公民由于身体原因等，亟须回国。埃塞俄比亚航空将 20 名结束援埃塞俄比亚任务的中国农业专家、滞留当地的中国白血病患者，以及滞留在非洲其他国家的，如南苏丹、莫桑比克、吉布提等国需要回国的中国公民，平安送回中国，让他们回到家乡与亲人团聚，得到及时的医治。

　　同时，在对非合作抗疫的关键时刻，这条航线成为转运中国对非 22 国抗疫援助物资的关键通道。

　　莱索托驻埃塞俄比亚大使代表受援国和非盟常驻代表委员会衷心感谢中方及时提供医疗物资援助，他表示，中国政府和人民在自身抗疫斗争取得重要成就的同时，始终关心非洲疫情形势，站在驰援非洲最前线。正因为有了中国等国际伙伴的支持，非洲各国才得以不断增强战胜疫情的能力和信心。

　　此外，由马云基金会和阿里巴巴基金会向非洲捐赠的三批抗疫物资，也通过埃塞俄比亚航空及时转运至非洲 54 个国家。对此，阿比总理、非盟和非洲各国领导人多次表示感谢。他们表示，中国政府取得的抗疫成果全世界有目共睹，在非洲抗疫困难时期对非洲的坚定支持，再次证明中非是全天候朋友，是全面战略合作伙伴关系。中非关系在团结抗疫中更加紧密、更加稳固。

项目概况

中国和埃塞俄比亚一直保持着紧密的伙伴关系。新冠肺炎疫情暴发以来,包括埃塞俄比亚在内的众多非洲国家,与中国共同携手抗疫,相互声援、并肩战斗。

在中国疫情防控形势最艰难的时刻,众多非洲国家向中国提供了宝贵支持,充分体现了中非患难与共的兄弟情义,成为中非构建更加紧密的命运共同体的真实写照。

新冠肺炎疫情在全球蔓延后,中国高度关注非洲疫情形势,积极向非盟和非洲国家提供抗疫物资援助,组织专家视频会议交流疫情防控形势和经验。中国企业和民间机构也积极筹措医疗物资,畅通货物运输通道,严格执行隔离防护措施等,为非洲国家应对新冠肺炎疫情提供支持。

2020 年 6 月 17 日,中非团结抗疫特别峰会在线上举行,南非、塞内加尔、刚果(金)、埃塞俄比亚等十余个非洲国家领导人及非盟委员会主席、联合国秘书长、世界卫生组织总干事与会。中国国家主席习近平发表题为《团结抗疫 共克时艰》的主旨讲话,强调中非双方要坚定不移携手抗击疫情,推进中非合作,践行多边主义,推进中非友好。会议发表《中非团结抗疫特别峰会联合声明》,向国际社会发出中非团结合作的时代强音。

后 记

在共建人类命运共同体的强大力量感召下，共建"一带一路"国家每天都在上演着不同的人生喜剧，每天都在产生着众多的精彩故事。

一段段动人故事，在讲述实现梦想的共同行动；一副副鲜活面孔，在分享幸福美好的共同感受。

承载着渴望与梦想、辛勤和汗水，由商务部组织编撰、商务部国际贸易经济合作研究院（简称"商务部研究院"）具体编辑的《共同梦想——"一带一路"故事丛书》第三辑，与读者见面了。

丛书编撰过程中，

得到了许多领导同志的关心指导，

得到了相关部门和驻外使领馆的大力支持，

得到了众多企业的积极配合，

得到了媒体朋友和国际友人的鼎力相助,

…………

在此,致以衷心的感谢!

共建"一带一路"正走在高质量发展的路上,精彩故事每天都在继续。丛书将陆续推出后续分辑与读者分享。

我们满怀激情,以高度的责任感从事编撰工作,但难免考虑不周、水平有限,难以尽善尽美。不足之处,敬请读者理解包容。

图书在版编目（CIP）数据

　　共同梦想 . 第三辑 / 商务部研究院编 . -- 北京：
中国商务出版社 , 2020.10
　　（"一带一路"故事丛书）
　　ISBN 978-7-5103-3498-6

　　Ⅰ . ①共… Ⅱ . ①商… Ⅲ . ①"一带一路"－国际合
作 Ⅳ . ① F125

　　中国版本图书馆 CIP 数据核字 (2020) 第 157827 号

"一带一路"故事丛书（第三辑）

共同梦想
GONGTONG MENGXIANG

商务部研究院 编

出　　　版：中国商务出版社
地　　　址：北京市东城区安外东后巷 28 号　　邮　编：100710
总 发 行：中国商务出版社发行部
网　　　址：http://www.cctpress.com
邮　　　箱：cctp@cctpress.com
排　　　版：北京世纪舒然文化发展有限公司
印　　　刷：小森印刷（北京）有限公司
开　　　本：787 毫米 × 1092 毫米　1/16
印　　　张：16.75　　　　　　　　　字　　数：168 千字
版　　　次：2020 年 10 月第 1 版　　　印　　次：2020 年 10 月第 1 次印刷
书　　　号：ISBN 978-7-5103-3498-6
定　　　价：69.00 元